W0351265

LA VÉRITABLE JACKIE

BERTRAND MEYER-STABLEY

LA VÉRITABLE JACKIE

Pygmalion
Gérard Watelet
Paris

DU MÊME AUTEUR

Nadar, Editions Encre, 1979.
Grace, Librairie Académique Perrin, 1984.
Buckingham Story, Librairie Académique Perrin, 1986.
Les Dames de l'Elysée 1988, Librairie Académique Perrin, 1987.
Les Monaco, Plon, 1988.
La Vie quotidienne à Buckingham Palace, Hachette, 1991.
Charles, portrait d'un prince, Hachette, 1991.
Juan Carlos, roi d'Espagne, Hachette, 1992. (Prix des Trois-Couronnes.)
La Princesse Margaret, Librairie Académique Perrin, 1993.
Caroline de Monaco, Librairie Académique Perrin, 1994.
Les Dames de l'Elysée 1995, Librairie Académique Perrin, 1995.
Lady Mountbatten, Bartillat, 1997.

Sur simple demande adressée aux
Éditions Pygmalion/Gérard Watelet, 70, avenue de Breteuil, 75007 Paris
vous recevrez gratuitement notre catalogue
qui vous tiendra au courant de nos dernières publications.

© 1999 Éditions Pygmalion / Gérard Watelet, à Paris
ISBN 2-85704-589.1

Le Code de la propriété intellectuelle n'autorisant, aux termes de l'article L. 122-5 (2° et 3° a), d'une part, que les « copies ou reproductions strictement réservées à l'usage privé du copiste et non destinées à une utilisation collective » et, d'autre part, que les analyses et les courtes citations dans un but d'exemple et d'illustration, « toute représentation ou reproduction intégrale ou partielle faite sans le consentement de l'auteur ou de ses ayants droit ou ayants cause est illicite » (art. L. 122-4).

Cette représentation ou reproduction, par quelque procédé que ce soit, constituerait donc une contrefaçon sanctionnée par les articles L. 335-2 et suivants du Code de la propriété intellectuelle.

« *La gloire est la somme des malentendus qui se créent autour d'un nom.* »

Rainer Maria Rilke

PROLOGUE

LE destin ne la laissa jamais tranquille. En janvier 1994, lorsqu'elle prend la décision d'annoncer son cancer, la même réflexion parcourt le monde entier : Jackie Kennedy Onassis renoue avec le drame. Alors qu'elle a réussi à reconquérir un bonheur serein auprès de ses enfants, Caroline et John-John, et d'un homme qui l'entoure d'une affection discrète, Maurice Tempelsman, sa vie bascule à nouveau.

Bien sûr, Jackie relève la tête. Comme toujours, elle va se battre. Les épreuves, les méchants coups du sort, elle connaît. Elle rend même public son traitement de chimiothérapie, pour que les choses soient claires. Les médecins semblent optimistes. Décelé suffisamment tôt, le cancer du système lymphatique peut être enrayé. Et elle ne veut rien modifier à sa vie quotidienne, continuant de se rendre à son bureau de *Doubleday*, la maison d'édition où elle travaille depuis 1978, et flâne toujours dans Central Park avec ses enfants.

Celle qui donna son style à l'Amérique des années

soixante n'est pas femme à renoncer. Trois jours par semaine, Jacqueline Bouvier-Kennedy Onassis continue de quitter vers 9 h 30 son luxueux appartement new-yorkais, au 1040 de la 5e Avenue, pour gagner en taxi le siège des éditions *Doubleday*. « Senior Editor » de cette importante maison, l'ex-Première Dame des Etats-Unis occupe un confortable bureau au vingtième étage d'un gratte-ciel. De nombreux entretiens avec des auteurs, des directeurs de collections, des conservateurs de musées et des agents littéraires figurent au programme de ses journées. Elle accueille elle-même ses visiteurs au seuil de son bureau qui porte comme simple inscription : Jacqueline Onassis. Là, attentive, le regard parfois chargé d'une certaine dureté, la conseillère littéraire tente de justifier son salaire annuel exorbitant.

Elle exprime souvent des remarques pertinentes d'une voix douce, assez sensuelle, bien timbrée, avec un rien de sophistication, un accent vaguement européen qui fait très « high society ». Dans le feu de la conversation, son visage peu maquillé, marqué de fines rides autour des yeux, s'anime enfin. Des yeux assez écartés bordés de cils épais. Le nez est court, rond et les pommettes très larges. La bouche, grande. Ce qui frappe le plus, ce sont ses longues mains. Quelque chose de hautain dans ses gestes mais aussi d'indéniablement gracieux. Jackie continue de vivre comme si la maladie n'existait pas.

Mais les séances de chimiothérapie finissent par la fatiguer. Le traitement fait enfler son visage et elle doit se résoudre à porter une perruque. « On croyait qu'elle affrontait bien la maladie, mais on se trompait, reconnaît un proche. En surface, elle paraissait un iceberg, mais dessous, elle était en train de fondre. Elle était très abattue. »

LA VÉRITABLE JACKIE

Le 15 avril 1994, Jackie doit être admise d'urgence au Cornell Medical Center de New York, après avoir perdu connaissance dans son appartement de la 5e Avenue. Sa forme rare de cancer du système lymphatique finit par prendre le dessus. Admise à l'hôpital Cornell de New York le 16 mai, pour la troisième fois en moins d'un mois, elle décide alors de rentrer chez elle et de mourir parmi les siens, lorsque le corps médical se fut déclaré impuissant à enrayer le cancer qui se propageait à une vitesse fulgurante. A la grande surprise des médecins, qui s'inclinent néanmoins, elle refuse également de continuer à se faire soigner et à prendre les antibiotiques désormais inutiles.

Consciente d'entrer dans la mort, cette vieille compagne des Kennedy, mais sereine au milieu des siens, de ses livres et de ses objets familiers, Jackie fait alors mander Mgr George Bardes, prélat catholique, qui lui administre les derniers sacrements. A son fils, elle confie : « J'aurais tant aimé que l'Amérique me pardonne. » L'Amérique qui l'a adorée et haïe. Jackie ne sait pas encore combien sa mort va la bouleverser.

Dans la soirée du 19 mai, elle sombre dans le coma. Trois quarts d'heure après, Jackie Kennedy Onassis succombe, veillée par son fils John Jr., sa fille Caroline Kennedy-Schlossberg et le dernier compagnon de sa vie, le diamantaire milliardaire Maurice Tempelsman.

Dès l'annonce de sa mort, une vague d'émotion submerge Manhattan et gagne le pays. Sur les bâtiments publics et dans les ambassades américaines aux quatre coins du monde, le drapeau est mis en berne, tandis qu'au pied de sa prestigieuse résidence de la 5e Avenue, face à Central Park, la foule des curieux gonfle.

Enfin, le 23 mai 1994, c'est le dernier acte dans les larmes : l'Amérique se réconcilie avec Jackie. Les obsèques commencent à 10 h 30 par la levée du corps, devant son domicile de la 5ᵉ Avenue. Le cortège est composé de quatre limousines, dans lesquelles ont pris place les membres de la famille Kennedy. Il suit, à discrète allure, le corbillard emportant le cercueil d'acajou recouvert de fougères vertes et d'une croix de roses blanches vers Saint-Ignace-de-Loyola et Park Avenue. Au fil du parcours, une foule émue accompagne du regard sa plus célèbre concitoyenne, tandis que, tout au long de cette journée, les chaînes de radio et de télévision multiplient les programmes spéciaux avec la lancinante succession d'images d'archives, où la tragédie de Dallas tient la place d'honneur.

Pas une seule fois, au cours de l'office religieux, qui dure une heure et demie, célébré par Monseigneur George Bardes (lequel a administré à Jackie les derniers sacrements et recueilli son ultime confession), le nom d'Onassis n'est prononcé. Comme si l'Amérique, qui autrefois l'avait rejetée, après son mariage avec l'armateur grec, n'avait voulu rendre hommage, en ce dernier instant, qu'à une Kennedy.

Fait exceptionnel dans un pays aux médias omniprésents : la messe n'est pas retransmise par la télévision, qui n'en diffuse que le son. En prélude à la cérémonie religieuse, John Kennedy Jr. lit des passages du livre d'Esaïe, du Livre des Révélations, et termine par un paragraphe de l'Evangile selon saint Jean, censé le mieux symboliser les qualités profondes de la défunte : l'amour des mots, celui de son foyer et de sa famille. Puis, c'est au tour de sa sœur, Caroline Kennedy-Schlossberg, de monter en chaire pour déclamer un poème et lire *Mémoire de Cape Cod* d'Eda Millay, qui célèbre une île, au large de la Nouvelle-Angleterre, où la famille Kennedy a coutume de se retrouver. Mais, ironie du destin, l'ombre d'Aristote Onassis, que l'on avait si diligemment voulu effacer, plane un instant sur l'assistance en la personne de Maurice Tempelsman, dernier compagnon et confident discret de Jackie Kennedy. Par la lecture d'*Ithaca*, un poème du célèbre poète grec Cavafy, c'est un peu du parfum de Skorpios et de l'âme grecque qui entre clandestinement dans cette église de Manhattan. « Et maintenant, le voyage s'achève. Trop court, hélas, trop court, murmure Maurice Tempelsman. Il fut plein d'aventures et de sagesse, de rires et d'amour, de vaillance et de grâce. Alors, adieu, adieu. » Sur cette dernière envolée, de sa voix profonde et majestueuse, la cantatrice Jessye Norman entonne l'*Ave Maria*.

Dès la fin de l'office, la dépouille de Jacqueline Kennedy-Onassis part en direction de l'aéroport de New York où un avion privé la prend en charge à destination de Washington. Là, le cercueil est salué au National Airport par le président Bill Clinton, qui a souhaité rendre solennellement hommage à « l'élégance et au courage » de Jackie, une femme « admirée à travers le monde ».

Enfin, le cercueil est conduit au cimetière d'Arlington, où Jacqueline Kennedy est inhumée dans la plus stricte intimité au côté de son premier époux assassiné et de leurs deux enfants morts en bas âge. Le président Clinton est encore parmi les intimes pour lancer un « adieu » à son « amie ».

Partout, aux Etats-Unis, sa mort suscite une vive émotion, tout à la fois moment de recueillement et de nostalgie. Quotidiens, magazines, télévisions multiplient les reportages. Sur fond de films et de photos en noir et blanc, ils évoquent ce tout début des années 60 qui virent un couple digne de *Gatsby le Magnifique* – il avait quarante-trois ans, elle trente et un – à la Maison-Blanche, incarner une Amérique débordante de confiance et de puissance.

Pour autant, celle qui n'a jamais parlé à la presse intrigue plus que jamais. « Cette femme élégante, indépendante, qui savait ce qu'elle voulait, reste une femme mystérieuse », avoue le *Washington Post*. « Nous vous connaissions à peine », écrit alors *Today*, qui s'interroge sur que « cachaient ces yeux inoubliables ». Son biographe, Stephen Birmingham, a dit : « Quand on est seul avec elle, elle est plutôt timide, elle paraît effrayée, un peu rêveuse, hésitante, lançant des coups d'œil de toutes parts. Mais lors de ses apparitions publiques, ajoute-t-il, elle est radieuse. » D'autres ont affirmé que c'était juste le contraire : qu'elle était angoissée et timide en public, alors que dans l'intimité, elle rayonnait. Elle était une énigme. Elle pouvait être légèrement masculine, d'un air sexy, délicate, à la limite de la circonspection ; circonspecte à la limite de la distance ; distante jusqu'au mystère.

A-t-elle jamais livré ses secrets, elle dont la vie fut un roman ? Dont le destin oscilla entre une scène de *Sophocle* et le roman-photo, entre une héroïne de l'Antiquité et « Dallas ». Elle, dont la vie mélangea si souvent les ingrédients les plus romanesques : pouvoir, fortune, tragédie et love stories sur fond de jet-set, fut quasiment un personnage de films muets, une légende silencieuse se nourrissant de son propre silence.

Mais le plus romanesque est sans doute sa personnalité mystérieuse et secrète, presque aussi énigmatique que celle de Greta Garbo. Car le biographe qui cherche à déceler le sens d'une vie – assurément le but de toute biographie – doit faire face pour Jackie à un caractère complexe. Elle souhaita toujours que rien ne transparaisse de ses émotions ni de l'insécurité qui la troublaient. Une fois pour toutes, elle avait tiré un invisible rideau sur son visage, se condamnant ainsi à devenir une légende, un mythe, fidèle en cela au précepte de son père adoré : « Ne pas trop donner de soi-même, retenir un peu de soi et laisser les autres deviner... »

I

LES BOUVIER
« UNE DYNASTIE À LA FRANÇAISE »

NUL n'ignore les racines irlandaises du clan Kennedy : comment, dans l'ouest de cette île sainte, la vie était rude et l'héroïsme quotidien nécessaire. Comment, dans les années 1845, la famine, fidèle compagne du paysan gaélique, revint tragiquement. Fuite devant la faim, la maladie, la mort lente, l'émigration apparaissait comme l'unique salut. Avec l'adieu déchirant à la terre natale commençait la saga d'un Nouveau Monde.

Les racines françaises de Jacqueline Bouvier sont moins connues. Elle est également issue d'une grande famille, dont l'histoire ressemble un peu à celle des Kennedy. Mais les Kennedy sont originaires d'Irlande et les Bouvier du sud de la France. L'ancêtre des Bouvier qui émigra aux Etats-Unis à l'âge de vingt-trois ans, était un simple fantassin de l'armée vaincue de Napoléon et apprenti ébéniste à Pont-Saint-Esprit, village du Languedoc.

Les natifs d'Irlande sont ardents et chaleureux,

comme le sont également les méridionaux. Michel Bouvier était aussi impulsif et avide d'aventure que Patrick Joseph Kennedy, lorsqu'il émigra, à peu près à la même époque d'ailleurs : l'Irlandais en 1849, le Français en 1815.

John et Jacqueline sont donc issus tous deux – dans la meilleure tradition américaine – d'une famille à l'origine modeste qui s'est hissée à la force du poignet jusqu'à une sorte d'aristocratie. Mais les Kennedy et les Bouvier ont gardé quelque chose de leurs origines paysannes, qu'une réussite trop rapide n'a pas eu le temps d'effacer. Les deux arbres familiaux sont respectivement issus d'un tronc solide et unique : Patrick Joseph pour les Kennedy et Michel pour les Bouvier.

Mais une différence essentielle sépare les deux familles. Les Kennedy sont une grande famille, mais pas les Bouvier. Les Kennedy sont restés groupés en un clan solide, alors que les Bouvier sont éparpillés et vivent chacun de leur côté. Si l'on en croit son grand-père, John Vernou Bouvier Jr. (auteur d'un très imaginatif ouvrage intitulé *Mes Ancêtres*), sa famille est issue d'une haute lignée de nobles du Dauphiné et du Poitou. Leur nom est connu depuis 1086 et William de Vernou fut même le secrétaire du roi Charles V. Deux décrets royaux auraient reconnu les titres de la famille.

C'est dire si, pendant son enfance, l'on entretint Jackie de ses nobles origines et de son lointain héritage aristocratique. La vérité est évidemment différente. En fait, c'est la Savoie et non le Dauphiné qui est le berceau de la famille. Petits propriétaires terriens, sous-hobereaux montagnards, le clan comprend un forgeron (François Bouvier) qui vécut dans un hameau dit « Les Mazures de Champlaurent », un charbonnier (Georges Bouvier) qui habita à Grenoble, quelques agriculteurs, un ébéniste et plusieurs artisans.

Certes, l'un des membres les plus téméraires, Eustache, prit le chemin des futurs Etats-Unis en participant en 1781 à la guerre d'Indépendance américaine dans les rangs victorieux de Rochambeau et de La Fayette. Son fils, Michel, fondateur de la dynastie américaine, connut quant à lui la défaite de Waterloo dans les armées de Napoléon. Il regagna la petite maison de Pont-Saint-Esprit où sa famille tenait un modeste commerce. Son père, Eustache, était menuisier-ébéniste et ses trois fils ses apprentis. Au jeune Michel, désorienté par la défaite de Napoléon et avide d'une vie exaltante, son père parla d'Amérique, pays de liberté et d'avenir. Le 10 juillet 1815, Michel Bouvier embarque à bord d'un « cercueil flottant », à destination de New York. La saga américaine des Bouvier commence.

Arrivé sain et sauf sur la côte Est des Etats-Unis, ce jeune Français de 23 ans n'a pour seuls biens qu'une redingote élimée, un costume de cheviotte et, dans un balluchon, une paire de chaussures. Il gagne Philadelphie où la colonie française est déjà importante et travaille comme charpentier sur divers chantiers. Avec une âme de pionnier et une vigoureuse énergie, il incarne bientôt le symbole du « Rêve américain » et part à la conquête financière de la côte Est.

Dès 1817, il dépose sur son compte à la banque Girard de Philadelphie l'équivalent de 7 000 dollars. L'arrivée de Joseph Bonaparte, venu se réfugier dans sa ville, change sa destinée. Il s'occupe de l'aménagement de la maison de l'ex-roi de Naples et fabrique des meubles. Il s'enrichit également dans l'importation d'acajou et de marbre et devient un propriétaire terrien prospère. Son premier mariage, avec une jeune

Américaine qui meurt précocément, lui donne deux enfants ; le second, pas moins de sept filles et trois garçons. Néanmoins, malgré sa fortune, ce self-made-man ne peut entrer dans la haute société de Philadelphie. D'autant que, dans cet Etat fondé en 1682 par William Penn et les quakers, les catholiques représentent une minorité.

Si l'une de ses filles fait un beau mariage avec le fils d'un banquier de la ville, toute la famille préfère partir pour New York, en train de devenir la ville la plus prospère de la côte Est. Michel Bouvier y crée une charge d'agent de change et continue à s'enrichir dans le développement de la Bourse au New York Stock Exchange. Il disparaît en 1874, en laissant à ses héritiers une fortune immobilière considérable.

Lors de ses funérailles à l'église Sainte-Marie, l'un de ses dix enfants évoque sa mémoire par ces vers de Lamartine :

« Ces contemporains de nos âmes
Ces mains qu'enchaînait notre main
Ces frères, ces amis, ces femmes
Nous abandonnent en chemin. »

Pour sa postérité, la seconde et la troisième génération des Bouvier, la disparition de Michel marque la fin de l'ère philadelphienne. Délaissant la cité bourgeoise où ils n'ont jamais vraiment été acceptés par la haute société de la quatrième ville des Etats-Unis, les Bouvier parviennent à s'imposer à New York et à connaître, dès 1889, la consécration sociale en figurant dans le bottin mondain de la ville.

Chacun des enfants de Michel contribue au développement des affaires familiales. L'un de ses petits-enfants, John Jr. (le grand-père de Jackie), choisit une voie originale après ses études à Columbia. Il devient un avocat de bonne réputation et son cabinet de

Manhattan marque l'essor de son prestige social. John siège dans une importante commission militaire au moment de l'entrée en guerre des Etats-Unis, en 1914. Il aime à se faire appeler « Major Bouvier ». C'est avec lui que le vernis social des Bouvier se consolide. Les portes de plusieurs clubs chics s'ouvrent à lui. Inscrit au *Racquet Club* à New York, au *Maidstone Club* à Long Island, au *Jupiter* en Floride et au *Havanna Country Club* de Cuba, John Bouvier Jr. sait rester élégant même en costume de sport, une flanelle boutonnée haut par-dessus son gilet. Il porte des complets parfaitement coupés, d'une élégance toute britannique ; « ses valets prennent grand soin à l'entretien de ses costumes... ».

Ce ténor du barreau surveille avec attention son image sociale. En 1914, il s'installe sur Park Avenue. Dans les années 20, il achète dans le très chic East Hampton une résidence estivale (la famille gardera cette demeure baptisée « Lasata » jusqu'en 1948 où Jackie passera maints étés). Son épouse est d'origine britannique. Maude Sergeant, fortunée et dotée d'une beauté remarquée, profite des vacances pour partir en Floride avec ses cinq enfants. Une armée de domestiques et une procession de malles les accompagnent. On joue au golf, lézarde près de la piscine ; les soirées se terminent avec « des seaux en argent, remplis de glace, des sandwichs que l'on mange avec appétit, des plateaux en argent qui vont et viennent avec des coupes de champagne bien frais ». Rien d'extravagant, ni de vulgaire. Une touche fitzgéraldienne pour une génération gagnante.

Pourtant, selon Truman Capote, « les Bouvier, qui se disaient aristocrates, n'en étaient pas moins décadents. Les Bouvier étaient poseurs. Ils se donnaient des allures d'aristocrates fortunés et influents, sans l'être le moins du monde. Le grand-père de Jackie, le major, s'était fabriqué une généalogie fantaisiste, rattachant la famille à l'aristocratie française, lui inventant des armoiries et des parentés illustres. Ce faux achevé renforça l'assurance des Bouvier et les aida à réaliser leurs ambitions sociales. Persuadés de leur aristocratie, ils se comportaient comme des aristocrates. Jackie et sa famille adoptèrent les principes aristocratiques les plus élevés, "noblesse oblige", et essayèrent de s'y tenir ».

L'aîné des cinq enfants, John Bouvier III, que tout le monde appelle bien sûr Jack, connaît donc dès sa naissance, en 1891, l'enfance heureuse d'un goldenboy. Après des études médiocres à Yale, il prend tout naturellement le chemin de Wall Street afin de devenir, à l'instar de ses oncles, un apprenti sorcier de la spéculation. Il s'initie pendant trois ans chez Hentzel et Compagnie et semble très vulnérable à la fièvre et à l'excitation quotidienne de la profession. Mais les jours se suivent et ne se ressemblent jamais dans le monde de la finance. L'Amérique du Jazz Age semble euphorique. Jack multiplie les profits et en quelques années parvient à accroître son capital personnel d'un million de dollars. A lui et à sa jeune épouse, les dieux de la finance semblent sourire. Et quand naît leur premier enfant, Jackie, rares sont les traders pessimistes. On est seulement en 1929...

Jackie n'est qu'un bébé lorsque, le jeudi 24 octobre, une véritable panique s'empare de l'Amérique à la suite du krach boursier. Les Bouvier perdent une partie de leur fortune. Mais dans le nouveau paysage américain où nombreuses sont les banques acculées à la faillite, où toutes les catégories sociales sont touchées, les Bouvier continuent à vivre comme si de rien n'était. Ils veulent garder le même train de vie luxueux. Pourtant, la brillante façade ne tarde pas à se lézarder lorsque la situation financière finit par imposer sa dure loi. Et, parallèlement, les liens du couple se détériorent. Face à l'immixtion d'une insécurité en deux domaines essentiels, les premières années de Jackie composent un trompe-l'œil. Comme une comédie où affleure la tragédie, où l'orage gronde...

II

PETITE PRINCESSE

ETONNANT personnage que le père de Jackie. Surnommé « Black Jack » à cause de son goût prononcé pour le bronzage et les lampes solaires, il est un père « épatant », peu ordinaire. « John Kennedy m'a dit un jour, a raconté un ami, que Jackie était folle de son père. Il est vrai qu'il avait de beaux traits. Il était tout à fait impressionnant. » Doté d'un physique à la Clark Gable (il apprécie qu'on le confonde avec le comédien), coiffant ses cheveux gominés à la Valentino, portant des costumes très chics de Bell et des chemises faites sur mesure par Triplet et Sulka, il a tout d'un dandy. Un charmeur dont la virilité séduit les deux sexes (on a parfois parlé de sa liaison intime avec le compositeur Cole Porter). Avec son air de beau ténébreux, ses lèvres sensuelles et sa taille élancée, il fait des ravages.

Dès sa sortie de Yale, les filles sont à ses pieds. Son uniforme de lieutenant d'aviation brise bientôt les cœurs tendres de la bonne société de Saint Louis, dans le Missouri, où le piston de son père lui permet d'attendre la fin de la guerre sans risquer sa vie en Europe. Au début de l'année 1920, Jack part à la conquête de Wall Street et s'installe au cœur de New York dans une luxueuse garçonnière du 375 Park Avenue. Il y donne de brillantes parties où ses confrères de la finance se mêlent joyeusement aux danseuses des *Ziegfield Follies*. Le don juan collectionne les conquêtes, sans perdre de vue son projet de n'épouser qu'une riche héritière.

Le 7 avril 1920, le N*ew York Times* annonce ses fiançailles avec la très fortunée Eleanor Carter, d'une bonne famille de Virginie, dont l'une des cousines a épousé un lord anglais. Quelques semaines plus tard, il rompt mystérieusement et reprend sa vie sentimentale agitée. Ses affaires boursières marchent de mieux en mieux, l'Amérique de « Great Gatsby » est magnifique et le républicain conservateur qu'est Jack particulièrement optimiste pour l'avenir. Comme il est brillant et aventureux, avec beaucoup d'allure et des idées drôles et extravagantes, son charme superficiel fait merveille. Ne voulant en aucun cas adopter cette vertu encombrante qu'est la fidélité, il ne se résigne pas à abandonner sa vie de célibataire pour embrasser la monogamie.

Il attend son 35ᵉ anniversaire pour se décider à se ranger, annonce en 1928 ses fiançailles avec Janet Lee, d'origine irlandaise, dont le richissime père, longtemps vice-président de l'imposante Chase National Bank, est l'exemple même du self-made-man américain.

Il a rencontré Janet, qui se trouve être une amie de ses cousines, à East Hampton. C'est une belle jeune fille, un peu froide et conventionnelle. Il l'épouse le 7 juillet 1928. Cinq cents invités se pressent joyeusement à la réception où l'orchestre joue « Somebody loves me » et « The man I love » de Gershwin. Nuit de noces au *Savoy Plaza* et départ pour l'Europe à bord du somptueux paquebot l'*Aquitania*. Les témoins qui les voient monter lentement à bord, cramponnés à la rambarde, car le bateau tangue, elle, dans un tailleur blanc et crème avec col de fourrure, lui, dans un costume de tussor, se demandent bien comment Jack, incapable de se consacrer exclusivement à une femme, va passer sa lune de miel et les premiers mois de son mariage. Quant à Janet, va-t-elle s'accommoder de la présence inévitable d'autres femmes dans la vie de son époux ?

Comme dans une pièce de Noël Coward, le transatlantique vogue vers l'Europe, sur un rythme cadencé de soirées, de bals et de dîners. Les nuits se passent en smokings, un cocktail à la main. « I got Rythm », susurre l'orchestre. Mais Janet se fatigue vite de cette liturgie mondaine et se retrouve souvent à minuit l'esprit las ; elle traîne péniblement les pieds quand Jack s'amuse encore comme un fou. « C'était un homme qui aimait vivre un soupçon d'aventure, remarque John Husted. Sa femme détestait toute forme d'aventure. Elle préférait une routine très bourgeoise. Ils n'étaient pas en harmonie sur ce plan-là. » Et un proche de la famille de raconter comment Jackie l'a informé d'une liaison de son père avec une autre femme alors qu'il était en voyage de noces. « Jackie m'a dit que cela ne faisait même pas quarante-huit heures que Jack avait épousé Janet, qu'il repéra sur le bateau une créature splendide, la courtisa, fit sa conquête et poursuivit cette liaison pendant toute la croisière. Janet s'en aperçut et en fut absolument désespérée. Bien des années plus tard, elle raconta ces incidents à sa fille, visiblement dans le but de discréditer son galant père à ses yeux, mais Jackie a beaucoup aimé cette histoire et l'a racontée à tous ses amis. » A cela fera écho plus tard l'apparente indifférence de Jackie à l'égard des aventures amoureuses notoires de John Kennedy.

Dès leur retour d'Europe, la providence vole au secours de Janet, qui devient enceinte et donne naissance le 28 juillet 1929 à East Hampton à une petite fille pesant tout juste huit livres. On la baptise, en hommage à son père, Jacqueline. La petite histoire veut que lorsque l'infirmière présenta le bébé à sa mère, celle-ci s'écria : « Mais il est affreux, mon bébé. Il a l'air vieux ! »

Le carnet ne reste pas longtemps rose : le terrible jeudi noir du 24 octobre 1929 s'abat. Jack laisse sa femme et son enfant dans une ville en proie à la panique pour rejoindre le clan familial à East Hampton afin de faire front. Les Bouvier ne sortent pas indemnes de ce terrible raz de marée, mais décident de ne rien changer à leur train de vie. On garde cuisinier, serveur, chauffeur, jardinier et la gouvernante du bébé. Et l'on maintient coûte que coûte la façade prospère d'une vie sociale aisée.

Le 28 juillet 1931, la petite Jacqueline âgée de deux ans est même photographiée dans les rubriques mondaines de plusieurs journaux, accompagnant ses parents à une très chic exposition canine. Elle y présente son premier chien, un scottish-terrier noir et tout ébouriffé, répondant au nom de Hootchie. « La petite Jacqueline Bouvier, âgée de deux ans, peut-on y lire, est arrivée en trottinant sur l'estrade et elle a présenté avec la plus grande fierté un minuscule scottish-terrier, qui avait à peu près la même taille qu'elle. » Et lors du goûter anniversaire de ses deux ans, un journaliste du *East Hampton Star* a déjà couvert l'événement : « La petite Jackie Bouvier, fille de Jack Bouvier et de Janet, née Lee, n'apparaîtra sans doute plus en société avant seize ans ou davantage, mais, lors de la fête donnée pour son deuxième anniversaire dans la propriété de ses parents, Rowdy Hall, elle s'est montrée une hôtesse tout à fait charmante. Jeux et promenades à poney se succédèrent avant l'arrivée du gâteau d'anniversaire de chez Jack Horner. »

A Lasata, la résidence estivale et de week-end de la famille, tennis, écurie et roseraie résonnent d'échos joyeux. A deux pas de l'océan (Caruso fut leur voisin tout comme plus tard le peintre Jackson Pollock), la tribu Bouvier aménage un cadre élégant. De grands arbres et des pelouses bien soignées composent un parc séduisant, planté d'acacias touffus et de fleurs variées dont la floraison s'échelonne au gré des saisons. La façade de la propriété parée de marbre blanc, avec un péristyle à deux colonnes, ne manque pas d'allure.

Entourée de ses huit cousins (Shella et Scotty étant ses préférés), Jackie goûte profondément à la nature et aux activités de plein air. On lui offre un poney et, dès quatre ans, elle commence à suivre des cours d'équitation. Elle reçoit ses premiers rudiments de jumping et s'acquitte avec un zèle particulier des corvées matérielles telles que panser, nourrir et abreuver son poney. Elle regarde aussi avec plaisir partir les chasses à courre auxquelles participent ses parents (elle en deviendra plus tard une passionnée). Beaucoup de photos d'enfant la montrent en tenue d'équitation et entourée de chiens, en veste de tweed, minuscules culottes de cheval et petit chapeau rond.

Arthur G. Simmonds devient son professeur d'équitation. Son fils Martin se souvient très bien de « la petite Bouvier » : « Dès l'âge de cinq ans, Jackie monta régulièrement en concours à Long Island. Elle disputa des épreuves de plus en plus importantes et grimpa les échelons. Elle était drôlement courageuse. Lorsqu'elle tombait, elle remontait immédiatement sur son cheval. Mais elle paraissait un peu snob. Je la vois encore arrivant pour sa leçon d'équitation dans le Duesenberg de son grand-père, le chauffeur bondissant de la voiture pour lui tenir la porte ; et après la leçon, sa gouvernante l'époussetait avec une petite brosse. Il y avait devant les écuries une buvette tenue par ma mère, où les dames goûtaient de thé et de sandwiches au concombre. Jackie et sa gouvernante y prenaient souvent le thé, alors que la plupart des enfants de son âge ne songeaient qu'à monter sur un cheval et à aller se promener. Jackie semblait aimer autant le rituel entourant le sport que le sport lui-même. Comme sa mère, elle s'imposa d'apprendre tous les arcanes de l'équitation. »

Jackie est une enfant turbulente. A l'école de Miss Chapin, dans East End Avenue à Manhattan, ses professeurs sont unanimes à le reconnaître : bien qu'extrêmement intelligente, Jackie est une enfant à problèmes. D'après sa mère, l'agitation et l'attitude autoritaire dont elle fait preuve à l'école viennent du fait qu'elle s'y ennuie. « Jackie a des goûts intellectuels qui ne sont pas de son âge. » Ainsi, elle lit énormément : *Peter Rabbit*, *Le Magicien d'Oz*, *Le Petit Lord Fauntleroy*. A huit ans, elle dit à sa mère : « Oh ! Maman, j'ai beaucoup aimé l'histoire de la dame et du petit chien », et elle révèle qu'elle a passé des nuits entières à lire : elle a dévoré les nouvelles de Tchekhov.

A chacun de ses anniversaires, une vingtaine d'enfants sont invités à dévorer un énorme gâteau flanqué de bougies et à monter des poneys dans un petit champ de courses. Le sien s'appelle Buddy.

Sa vie a donc l'apparence d'un conte. Elle se déroule dans des résidences somptueuses (les fenêtres de leur duplex new-yorkais donnent sur les frondaisons d'un parc magnifique), dans des jardins et parterres de fleurs, dans de longues voitures noires conduites par des chauffeurs en livrée de même couleur. Ce n'est qu'une suite de goûters d'enfants, de nurses attentives et de gouvernantes suisses.

Parmi les fascinations de son enfance : les petites princesses Elizabeth et Margaret, ses contemporaines. Tous les Américains sont alors séduits par la famille royale anglaise et les photos de Lilibeth et Margaret-Rose montant des poneys ou jouant avec leurs cousins la captivent, d'autant que depuis 1933 elle a une petite sœur baptisée Caroline Lee. Selon une de ses cousines, jouer à la princesse est sa distraction de prédilection : « Jackie, Lee et Shella, la fille de sa tante Michelle, jouaient souvent ensemble à Lasata. Elles s'imaginaient voir apparaître des chevaliers et des guerriers médiévaux derrière les buissons ; elles inventaient des épopées, écrites et dirigées par Jackie, qu'elles égayaient avec du vrai maquillage et des vêtements de grandes personnes. Jackie y jouait toujours un rôle de reine ou de princesse, alors que Lee et Shella étaient ses dames d'honneur. Jackie n'a jamais renoncé au rôle de princesse. C'était un drôle de mélange de garçon manqué et de princesse imaginaire. Elle grimpait aux arbres, mais avait le complexe de la princesse. Elle avait même une couronne, provenant d'un costume de cirque, qu'elle portait pendant ces séances. Elle prenait le jeu très au sérieux. Elle décréta un jour son intention de s'enfuir de la maison pour devenir "Reine du Cirque". Au fond, c'est ce qu'elle a fait. Il est étonnant de constater à quel point le monde imaginaire de Jackie s'est par la suite matérialisé, sans pour autant faire son bonheur. »

Mais, bientôt, son monde idyllique se craquelle. Le capital de Jack Bouvier fond. Il est même contraint, ô humiliation, d'emprunter de l'argent à son beau-père. Certes, son duplex au 740 Park Avenue, son écurie de sept chevaux, son nombreux personnel lui coûtent une fortune en 1934. L'usure de son mariage est encore plus vive. Lui est un doux rêveur, un hédoniste et un joueur ; elle est avant tout une réaliste et perfectionniste. Elle a appris à être possessive et jalouse... Lee a avoué un jour : « Maman est le genre de personne qui ouvre le courrier qui ne lui est pas personnellement destiné et entre chez les autres sans y être invitée. Terriblement curieuse, elle fourre son nez partout. »

L'union des Bouvier traverse donc des zones orageuses et certaines scènes seraient dignes de figurer au sommaire des « Amants terribles ». Un ami proche fait remarquer que « quinze années séparaient les deux époux – beaucoup trop ; elle avait une personnalité trop autoritaire, lui était trop indépendant ». Un membre de la famille reconnaît : « Les Bouvier étaient persuadés que la dépression ne durerait pas. Mais ils se trompaient et, tandis que les années passaient, ils se retrouvaient dans cette grisaille de la classe moyenne, dont ils s'étaient évadés une génération plus tôt. »

En 1935, Michel Charles meurt, laissant une fortune bien répartie entre les membres de la famille. Jack n'hérite pas tellement d'argent liquide mais il a la firme de son grand-père, ce qui lui permet de repartir d'un bon pied et de relever sa fortune. Cependant, sa vie conjugale continue de péricliter. Au lieu de rapprocher Janet et Jack, les années d'épreuves les brouillent.

Lorsqu'en 1936, une séparation « provisoire » de six mois se décide, Jack tient à employer le langage de la sincérité : « Nous avons été tous les deux coupables dans la faillite de notre mariage. » En mars 1937, ils font ensemble une dernière tentative de raccommodement qui se conclut en août par un divorce, officialisé à Reno en 1938. Une pension alimentaire mensuelle de 1 050 dollars est accordée à Janet qui obtient également que son époux prenne en charge tous les frais d'éducation et de santé de leurs deux filles. A Jack est accordé un vague droit de visite. Généreux, il lui laisse l'appartement de Park Avenue, mais pour ses enfants c'est un vide affectif considérable.

Jacqueline a à peine neuf ans au moment du divorce de ses parents ; c'est assez pour subir de plein fouet l'écroulement de son monde, mais pas assez pour en comprendre tout le sens. Elle s'invente instinctivement un refuge où elle se retranche dès qu'elle en ressent le besoin. Elle s'habitue à participer aux événements sans s'y impliquer, à observer sans être vue. Elle devient en quelque sorte une voyeuse, une spectatrice et donne la priorité à son monde intérieur, auquel nul n'a accès. Fanny Gardiner, à l'East Hampton Riding Club, se souvient de l'enfant à cette époque : « Jamais je n'oublierai Jackie. C'était une enfant mélancolique, qui errait dans le club comme un chaton qui a perdu sa mère, discutait avec les garçons d'écurie et s'occupait des chevaux. Elle ne méprisait pas les jeux d'enfants ; elle montait aux arbres, sautait à la corde et jouait à cache-cache avec ses cousins, mais on sentait qu'elle était à des lieues, dans un monde imaginaire. »

Selon leur gouvernante de l'époque, Berthe Kimmerle, « toutes les deux sont alors des petites filles très sensibles. Elles pleuraient vraiment de cette séparation ». Selon Betty Spalding, amie de longue date de Jackie, « les relations froides et distantes entre ses parents, leurs disputes, leur séparation de six mois, leur réconciliation dramatique et enfin leur amer divorce ont totalement ébranlé sa sécurité affective. Les deux sœurs n'ont jamais pardonné à leur mère ce divorce, qui a été un réel déchirement. Elles ont toujours pensé que leur père pourrait finalement revenir au foyer, que tout lui serait pardonné, car au fond il n'avait jamais négligé ses enfants, ni omis de leur prodiguer amour et affection ». Et pendant toute sa vie, c'est à lui que Jackie va comparer les hommes qu'elle va rencontrer, attirée par des êtres plus âgés qu'elle, dont la ressemblance avec son père ne sera pas fortuite.

Jack Bouvier ne s'est jamais remarié. Il continue à voir ses enfants le plus souvent possible. Il les emmène au Bronx Zoo, leur fait faire du cheval à Central Park (il offre même une jument, « Danseuse », à sa fille aînée), les conduit au cinéma, au théâtre et dans les meilleures boutiques et restaurants ; il les choie beaucoup et fait preuve d'une constante fierté devant leur beauté et leur intelligence. Il les traite comme des petites princesses.

Selon la gouvernante des enfants, « pour contrecarrer l'influence des Lee, il les emmenait souvent voir la famille Bouvier. Les enfants grandissaient, tiraillées entre les deux familles, mais au début c'est leur père qu'elles préféraient. Il était amusant, toujours charmant et gai, tandis que leur mère se montrait assez terne et conventionnelle. Pendant les années d'enfance, si importantes dans l'éducation, ce fut donc l'influence de leur père qui prévalut. Je ne doute pas que Jacqueline Kennedy ait hérité de son père son amour de la beauté, son sens de la vie et son style.

Très soigné de sa personne, il expliquait à ses filles ce qui lui plaisait ou lui déplaisait chez les femmes de son entourage. De lui, Jacqueline et sa sœur apprirent à s'habiller avec une élégance raffinée et à donner à leurs vêtements un cachet personnel. Jack Bouvier montra également à ses filles que leur comportement aussi bien que leurs vêtements devaient porter la marque de leur personnalité ».

Mais le remariage de Janet en juin 1942, avec Hugh D. Auchincloss, déjà deux fois divorcé, lui porte un coup rude. Il pressent qu'il va perdre ses filles en les abandonnant à un homme bien plus riche que lui. Le statut social de la famille Auchincloss, liée aux Rockefeller, Vanderbilt et autres prestigieuses dynasties américaines, n'est pas sans déranger son amour-propre. L'ambitieuse Janet a fait fort !

La famille Auchincloss est très connue. De brillants mariages, une grande perspicacité en affaires, de solides vertus presbytériennes, après plusieurs générations, trouvent leur aboutissement chez Hugh Auchincloss. Il ne ressemble absolument pas à Jack Bouvier. Grand, de solide carrure, de teint rubicond, il donne une impression de stabilité et de grande honnêteté. Il inspire la confiance.

Pour Jackie, ce remariage est une véritable tragédie. Elle a treize ans quand elle emménage à Merrywood avec son beau-père et ses trois enfants. C'est une coupure avec New York et ses plaisirs et une rupture avec son père. Or, pour Delmon Schwar, « il était le personnage le plus enchanteur de son enfance. Elle a vite étouffé dans son nouvel environnement. Elle ne vivait que pour voir son père et pour les réunions familiales animées avec les Bouvier à East Hampton ». Un autre proche affirme que n'ayant jamais été la préférée de sa mère et souffrant d'être séparée de son père, elle a grandi solitaire, comme une étrangère, dans la famille distinguée des Auchincloss. Un troisième affirme même qu'elle ne s'est jamais complètement remise de son enfance brisée : « Très longtemps, un sentiment d'insécurité se lisait sur son visage. C'est en tout cas ce que disent les amis qui se souviennent d'elle à cette époque. »

La famille commence peu à peu à remarquer combien Jackie a tendance à se retirer dans un monde secret ; elle est lointaine et rêveuse, car c'est la seule manière pour elle de cacher des sentiments intimes froissés. Jackie est alors une enfant volontaire, mais d'humeur changeante, morose un instant, gaie l'instant suivant. Le moindre de ses mouvements trahit une grande détermination. Pour coller un timbre sur une enveloppe, elle se sert de son poing. Lorsqu'elle aime un livre, elle ingurgite toute l'œuvre de son auteur. Elle a, comme le fait remarquer Stephen Birmingham dans le portrait qu'il fait d'elle, une étonnante influence sur les gens, « une étrange facilité à obtenir ce qu'elle veut d'eux, à les obliger à l'accompagner où elle veut, à jouer aux jeux qu'elle a décidés ».

Selon un ami de la famille, « Jacqueline avait désormais trois familles et il devenait de plus en plus difficile pour Jack Bouvier de maintenir son emprise sur ses filles. Il n'était plus le même lorsqu'il devait se montrer sans leur compagnie aux Noëls et aux réunions d'anniversaire de la famille Bouvier. Il n'avait rien à dire, personne à montrer fièrement. Il commença à s'indigner de les voir de moins en moins souvent, alors qu'il continuait à payer leurs études, leur argent de poche et leur compte dans divers grands magasins de la ville. Il ne renonçait surtout pas à l'espoir de regagner leur amour exclusif, car il ne pouvait croire qu'elles fussent heureuses dans le milieu un peu terne des Auchincloss. Ses filles, pensait-il sûrement, elles lui reviendraient un jour. Mais oui, elles lui reviendraient, une fois passée la nouveauté de la situation. Ce que Jack Bouvier ne comprenait sans doute pas, c'est que, en exigeant l'amour exclusif de ses filles, il provoquait en elles un dangereux déséquilibre et un grave sentiment d'insécurité. Divisées, tiraillées, elles ne savaient plus où était leur véritable place, ni qui elles préféraient ».

Le rôle de Janet n'est évidemment pas facile. « J'étais un gendarme, raconte Mme Auchincloss, c'est moi qui devais leur enseigner les bonnes manières, leur dire de se tenir droites et de se brosser les dents. Jack leur passait tout. Il les encourageait à faire tout ce qui est défendu : à grimper aux arbres, à conduire une bicyclette sans toucher au guidon. Il les emmenait à Wall Street et les faisait asseoir à la place du caissier de sa banque sans compter qu'il les gavait d'ice-creams au chocolat. »

Or, si pendant toute leur enfance, Jackie et Lee rivalisent entre elles pour gagner l'affection de leur père, elles deviennent très proches l'une de l'autre à Merrywood, dans le cadre familial de leur beau-père. Jackie doit, de plus en plus souvent, s'effacer derrière sa sœur cadette qui se révèle plus belle et plus brillante qu'elle. « Lee était toujours la plus jolie, soupira-t-elle bien des années plus tard ; je suppose que j'étais sensée être la plus intelligente. »

Selon Ronald Richardson, qui tout jeune homme la rencontre à Newport et fréquente le même atelier de dessin : « Sa vie intérieure comptait beaucoup pour elle et lui procurait un havre où échapper aux contingences extérieures et aux complications familiales. Lorsqu'elle en sortait, il y avait dans son comportement quelque chose de cabotin. En effet, elle ne se plaisait guère aux conversations en tête-à-tête, mais si son public était assez nombreux, elle prenait plaisir – telle une actrice consommée – à le satisfaire et à éclipser toutes les personnes présentes. La timidité et la sensibilité voisinent chez elle avec l'aisance et l'assurance et forment un ensemble contrasté : ces deux aspects de sa personnalité résultent des conflits familiaux de son enfance. C'est peut-être pour elle la seule façon de "s'en tirer", comme dit Rose Kennedy. En réalité, elle a sans doute besoin de maintenir, au plus profond d'elle-même, une sorte de sanctuaire inviolé. Or, en présence d'une personne, il est difficile de masquer sa véritable personnalité ; dans une foule, on joue plus facilement un rôle. »

A Merrywood, en Virginie, au bord du Potomac, et l'été à Hammersmith Farm, le domaine des Auchincloss, à Newport (Rhode Island), la vie est confortable mais sans véritable luxe. Dans ses lettres à son père, elle évoque ses difficultés d'adaptation à sa nouvelle vie. Elle déplore l'absence de sens de l'humour de « l'oncle » Hughdie et se plaint de devoir se tenir au garde-à-vous avant chaque repas, pour réciter la devise des Auchincloss, qui commence par : « Soumission à l'impondérable », et se poursuit durant ce qui lui paraît des heures. Elle récite la devise d'une voix presque inaudible, de sorte qu'on l'oblige à la répéter plus fort et avec plus de conviction.

L'écrivain Gore Vidal, qui vécut dans cette maison alors que sa mère était mariée avec Hugh Auchincloss, affirme même : « Contrairement à l'idée que se fait le public, Jackie, Lee et moi n'avions pas d'argent. Monsieur Auchincloss était très riche et nos demi-frères et demi-sœurs étaient assez gâtés. Par contre, nous, nous ne l'étions pas, et nous devions nous débrouiller. Mais, bien sûr, les deux sœurs n'ont jamais su ce qu'étaient les dures réalités de la vie. »

Certaines rumeurs laissent même penser que le remariage de sa mère entraîne pour Jackie des conséquences financières désastreuses. En effet, James Lee, le grand-père maternel, aurait voulu ruiner Jack Bouvier après son divorce et priver ses enfants de tout droit à sa fortune. Il aurait donc contraint Jackie et sa sœur à signer des papiers qui les engageaient à ne jamais prétendre au moindre sou d'héritage !

A l'instabilité affective s'ajoute donc une certaine insécurité matérielle. Pourtant, dans la très « smart » école de Miss Porter, où Jackie fait ses études, tout est fait pour préserver les jeunes filles, futures épouses de la haute société américaine, des contacts extérieurs qui pourraient corrompre le charme de leur enseignement, agréablement débonnaire. A Farmington, dans le Connecticut, de hauts murs cernent l'école (a finishing school) créée par Sarah Porter en 1843. Un établissement très victorien quand Jackie y entre en 1943, après avoir suivi les cours primaires de l'école de Miss Charpin. Le règlement n'y est guère sévère, l'uniforme de rigueur. Jackie y monte, quotidiennement, à cheval. Le directeur de l'école, Ward Johnson, se souvient d'elle comme d'une bonne élève, mais plutôt littéraire, avec de grosses faiblesses en mathématiques et dans les matières scientifiques. L'anglais, le français, la musique et le dessin sont ses points forts.

Les condisciples de Jackie se rappellent d'une adolescente fantasque, réservée et plutôt timide, qui aime à faire de longues promenades solitaires autour du campus, surtout dans une allée appelée « la Boucle », qui était bordée de vieilles maisons et de grands chênes. Les lettres de Jackie à son père reflètent une rapide évolution de sa personnalité. Quelques mois auparavant, elle ne faisait que se plaindre. Désormais, elle s'adapte à sa nouvelle vie. Elle est ravie des responsabilités qu'on lui a confiées et apprécie les avantages que lui procure le remariage de sa mère. Elle évoque dans ses lettres ses longues promenades avec Hughdie et les enfants de celui-ci, dont elle aime la compagnie. Bien que le tohu-bohu de New York lui manque, elle reconnaît que Merrywood et Hammersmith Farm sont très reposants. Elle commence même à se plaire à l'école, où elle a découvert un professeur intéressant en la personne de Miss Helen Shearman, qui enseigne le latin. A sa grande surprise, Jackie « tombe amoureuse de cette matière ».

Littéraire, elle développe également ses dons artistiques. Dès qu'elle a su tenir un crayon, Jackie a illustré ses poèmes préférés : ceux qu'elle écrit à chaque occasion, anniversaire, fête de famille, Noël, etc. Sa mère fait collection de ses œuvres, des nouvelles écrites à dix ans, des aventures où sont mêlés ses animaux familiers (son père lui offre pour ses douze ans un sombre bouvier des Flandres – « Il s'appelle Bouvier ! Comme moi ! »).

Si enfant elle aime à se retirer dans la solitude pour lire ou faire de longues promenades à pied, ce goût se développe pendant ses années de collège. Le headmaster de son école a remarqué cette évolution : « Sa différence était déjà légendaire. Elle était vraiment différente des autres filles. Une certaine timidité, mais aussi une espèce de calme intérieur apparent. » Elle prend une attitude si distante à l'égard de ses camarades de classe que ces dernières la surnomment « Jacqueline Borgia ». Elle reste très secrète : « Je ne sais pas exactement ce que je veux... »

Norman Mailer renchérit : « Il y a quelque chose

de lointain chez elle, pas vraiment un air renfrogné, ni glacial, ni dirigé contre quelqu'un en particulier, mais seulement quelque chose de distant, de détaché comme disent les psychologues ; je crois que pour employer des mots à la mode, il faudrait parler de morosité et d'abstraction... »

Au cours de cette période confuse, un seul trait marquant : dans un de ses cahiers de classe, elle porte une phrase sans équivoque, qu'elle souligne trois fois : « Ambition : ne pas être une femme d'intérieur. » En même temps, elle doute de pouvoir trouver un mari, confiant à l'une de ses cousines : « Je ne connais vraiment personne avec qui je suis susceptible de me marier, et je risque bien de finir vieille fille. »

« A quinze ans, ma cousine était bégueule, studieuse et autoritaire, rapporte Edie Beale, ancienne élève de Farmington. Elle écrivait de longues lettres à ma mère, détaillant tous les cours qu'elle suivait à l'école. Je ne l'ai vue qu'une seule fois pendant cette période ; nous cherchions toutes les deux des chaussures à New York. Jackie était parfaitement détestable. Elle savait ce qu'elle voulait et comment l'obtenir. C'était une manipulatrice-née. Ce qui la préoccupait le plus, c'était l'argent, d'abord parce qu'elle n'en avait pas. Son beau-père en avait, ses demi-frères et ses demi-sœurs ne manquaient de rien, mais Jackie n'avait que les cinquante dollars par mois que son père lui envoyait à la pension. A Farmington, où la richesse allait de soi, cinquante dollars n'étaient pas grand-chose. Celles qui n'avaient pas leur cheval à l'école étaient considérées comme des parias. Que pouvait faire Jackie, puisque ni sa mère ni son beau-père ne voulaient payer les vingt-cinq dollars par mois de la pension de « Danseuse » à Farmington, et que son père ne pouvait pas faire plus qu'il ne faisait déjà ?

Elle envoya à son grand-père une demande de subsides avec ses derniers poèmes pour faire passer la pilule. Il envoya l'argent et le cheval suivit. »

Ses débuts dans le monde (à dix-huit ans) coïncident avec le baptême de son demi-frère, James Lee Auchincloss, âgé de cinq mois. En 1947, quelques privilégiés reçoivent une invitation pour une soirée dansante à Hammersmith Farm. Les cartons portent en bas à gauche la mention suivante : « Pour rencontrer Miss Jacqueline Bouvier et Mister James Lee Auchincloss. » Les visiteurs se pressent afin de se faire servir par elle un verre d'orangeade.

Un mois plus tard, elle fait de nouveaux débuts dans un milieu moins familial, au *Clambake Club*, l'un des clubs les plus fermés et les plus gardés de Newport, bâti sur les rochers en face de l'océan. « Jackie doit faire un effort vestimentaire car, comme le note Sylvia Whitehouse Blake, une des meilleures amies de Jackie à Newport, à cette époque, Jackie se fichait complètement de la mode. Elle et moi passions l'été en short et en espadrilles. Nous ne nous habillions que pendant la semaine de tennis, le clou de la saison de Newport, mais même alors nous n'étions pas à proprement parler des gravures de mode. En revanche, Lee, qui était plus petite que Jackie, mais plus ronde avec un charmant visage en forme de cœur et de jolis traits fins, ne sortait jamais de chez elle qu'elle ne parût habillée comme pour aller à Ascot. »

Jackie s'attarde longtemps avant de prendre un boy-friend. Peu de garçons s'intéressent à elle. A part son demi-frère Yusha (fils de Maria Chrapovitsky, première femme de Hugh Auchincloss), très amoureux d'elle. Elle ne flirte pas. Un proche de Newport en suggère peut-être la raison : « Ma mère ne cessait de me pousser vers elle, me disant qu'elle serait pour moi un excellent parti. Je l'ai finalement invitée à sortir et nous sommes allés à quelques réceptions. On est peut-être sortis six ou sept fois ensemble, mais c'était vraiment rasoir. Elle n'était pas vraiment jolie. En fait, c'était exactement le genre de fille à toujours faire tapisserie. Elle était tellement renfermée et timide, que c'était presque pénible d'être avec elle. Jackie était toujours si compliquée que ce n'était vraiment pas drôle. »

A l'automne 1947, elle choisit d'entrer à Vassar, le collège le plus chic d'Amérique. Mille cinq cents étudiants y approfondissent pendant quatre ans toutes les matières possibles. Ses bâtiments, de style gothique, couverts de lierre, se dressent à travers un campus verdoyant. On peut lire couché dans l'herbe après un tennis ou une partie de water-polo dans la piscine. New York et l'appartement de son père sur la 74e Rue ne sont pas loin et l'étudiante mène une vie joyeuse et sophistiquée.

Charlotte Curtis est alors l'une de ses meilleures amies. Elle trace de l'étudiante Bouvier un portrait attachant : « J'ai connu Jackie à Vassar et je l'aimais beaucoup. Elle avait quelque chose d'innocent. Déjà à l'époque, elle parlait de manière haletante. Ce n'était pas de l'affectation ; c'était sa façon de parler. Et puis elle avait un délicieux sens de l'humour. L'œil pétillant. Les drames qu'elle a par la suite vécus ont sans doute éteint ce pétillement, mais à l'époque elle l'avait bel et bien. Elle était d'une grande beauté. Je ne pense pas qu'elle l'ait gardée intacte, après toutes ces tragédies. Mais jeune fille, elle possédait une beauté naturelle et un teint très coloré. Outre toutes ces qualités, Jackie était extrêmement modeste. Je me rappelle lui avoir dit, lorsque nous avons reçu nos diplômes : “Oh, Jackie j’ai eu un A en sciences politiques et en économie.” Jackie ne réagit guère, de sorte que je me suis dit : “Oh, mon Dieu, elle a dû avoir de mauvaises notes et ne veut pas le dire devant tout le monde.” Aussi, lorsque j’ai été seule avec elle, lui ai-je demandé : “Jackie, tu n’as pas eu de bonnes notes ? – Oh, je n’ai pas à me plaindre”, a-t-elle simplement répondu. En fait, elle avait brillamment réussi, elle était au tableau d’honneur, mais n’en avait rien dit à personne. Aucun journaliste ou biographe n’a jamais pu définir l’essence de la personnalité de Jackie. Elle a quelque chose d’insaisissable, une inexplicable timidité. Elle ne se livre pas et s’est toujours montrée jalouse de son intimité. Je m’estime plutôt perspicace et je crois l’avoir pénétrée à l’époque, mais il serait présomptueux de ma part de prétendre la connaître mieux que quiconque, bien qu’elle vînt presque tous les soirs me rendre visite dans ma chambre. Il est évident qu’elle se montrait moins soucieuse de préserver sa vie personnelle, à Vassar, qu’une fois devenue une personnalité en vue. Le plus déconcertant chez Jackie, c’était sa double personnalité : son côté star, qui faisait qu’on ne pouvait manquer de la remarquer quand elle entrait dans une pièce – elle était si exquise – et son côté secret. »

L’été 1948, Jackie et trois amies de sa famille décident de partir à la découverte du Vieux monde. Elles s’embarquent sur le *Queen Mary* pour le classique grand tour d’Europe. Elles sont invitées (les relations de l’ambassade des USA à Londres se révèlent utiles) à l’annuelle garden-party royale à Buckingham Palace. Au milieu d’un parterre de jaquettes, de hauts-de-forme et de chapeaux fruitiers, le roi George VI et son épouse pénètrent dans le parc aux accents de l’hymne national. Le millier d’invités forme une haie que longent les souverains. Quand les Majestés passent : révérence. Jacqueline est tellement émue qu'elle se précipite au bout de la file et attend près d'une heure pour recommencer.

Après plusieurs jours à Paris qu'elle qualifie de « divin », elle termine par la Suisse, puis regagne l'Amérique, bien décidée à ne pas reprendre ses études à Vassar, pourtant le berceau de l'intelligentsia américaine. Le beau monde de Vassar l'ennuie. A Paris, elle a, loin de sa famille, respiré l'air de la liberté. Elle s'inscrit donc au Smith College qui lui organise un séjour d'une année scolaire en France. Tout d'abord, deux mois à l'Université de Grenoble, puis Paris avec deux trimestres en audition libre à la Sorbonne (cours de littérature et d'histoire).

Elle habite Paris de décembre 1949 à juin 1950 et vit au 78, avenue Mozart, dans le grand appartement de la comtesse de Renty. Sa fille Claude a le même âge que Jackie. La vieille dame, dont les biens furent confisqués pendant l'Occupation et l'époux, déporté, mourut dans un camp de concentration, se prend d'affection pour la jeune Américaine. « Jacqueline était très gaie, très facile à satisfaire, se rappelle la comtesse de Renty. Elle était reconnaissante de tout ce que nous faisions pour elle. Et ce n'était certainement pas aisé pour une fille habituée au confort de l'Amérique, car la France connaissait encore en 1949 de sévères restrictions, consécutives à la guerre. Elle avait une carte d'alimentation pour acheter du pain et de la viande. Sa mère lui envoyait des colis de sucre, de café et autres produits alimentaires difficiles à se procurer. Jacqueline était très simple. Elle s'habillait avec simplicité. Peut-être le pouvoir l'a-t-il par la suite changée, mais à l'époque elle n'avait rien d'une enfant gâtée. Elle n'avait qu'un défaut : son incapacité à se rapprocher des gens. Elle était secrète. Elle avait une conversation charmante, mais ne dévoilait jamais ses pensées intimes. Elle n'était pas superficielle, mais simplement difficile à cerner. »

L'hiver 1950 est particulièrement froid à Paris et Miss Bouvier goûte aux bonheurs estudiantins du Quartier latin tout comme aux thés huppés du *Ritz*. Elle emprunte la Panhard de Claude de Renty et ses promenades à travers le Paris des antiquaires et des bouquinistes lui inculquent la passion de la France et de sa capitale. Elle se prend d'amitié pour une jeune femme blonde qui rêve de devenir une grande comédienne : Nicole Berger, aujourd'hui disparue. Passionnée maintenant par la mode, elle profite de la capitale pour enrichir sa garde-robe. Elle affectionne les pantalons corsaires, les sweaters en cachemire. Sa coupe de cheveux à la Gigi et sa belle voix étrangement sourde lui donnent un style. Sa bouche charnue, ses longs yeux écartés bordés de cils épais, ses boucles noires accentuent le charme par une pointe d'exotisme. Audrey Hepburn est à la mode et l'aspect félin de Jacqueline Bouvier commence à remporter du succès auprès des garçons.

« La plupart de ces garçons sont plutôt du genre intellectuel, se plaint-elle avec futilité. Ils ne discutent que de choses sérieuses avec moi. Absolument rien de romantique ! » « Bien qu'à l'époque elle n'ait pas fui les hommes, je l'aurais classée parmi les solitaires. Elle ne faisait partie d'aucune bande. C'était une fille à part, difficile dans ses choix, détachée des contingences de ce monde, jolie, brillante, impossible à connaître », raconte l'ex-étudiant Chris O'Donnell. Pourtant, Claude de Renty se souvient que : « Comme toutes les jeunes filles de notre âge, notre principal sujet de conversation était les garçons. Jacqueline là-dessus demeurait vague. Je connaissais plusieurs de ses amis de Paris, parce que c'était moi qui les lui avais présentés. Mais les autres m'étaient étrangers. Aucune de ses amitiés ne semblait très sérieuse. Il y avait un haut conseiller de Georges Bidault, alors président du Conseil, avec lequel elle allait parfois monter à cheval au bois de Boulogne ou qui l'emmenait dîner, mais je ne crois pas qu'elle en ait jamais été amoureuse. Jacqueline était dotée d'une très grande force de caractère, mais elle avait aussi ses faiblesses. Pour elle, les choses n'étaient pas toujours faciles. Quand on est du genre à se vouloir toujours fort, on ne peut pas manquer de souffrir. Elle n'acceptait pas ses faiblesses ; pas plus d'ailleurs que celles des autres. Si elle n'estimait pas ou n'admirait pas un homme, elle le laissait immédiatement tomber. »

A son retour outre-Atlantique, elle choisit de suivre les cours de l'Université George Washington, en ayant l'ambition de préparer une carrière littéraire. « Editrice ou quelque chose comme cela... », explique-t-elle à sa mère. L'occasion d'affirmer sa vocation se présente bientôt à elle quand, en 1951, le magazine *Vogue* lance un concours. Il s'agit de réaliser avec titre et mise en page la maquette du prochain numéro et d'écrire un article sur le thème : « Les personnages que j'aurais souhaité avoir connus. » Choix significatifs, elle opte pour Oscar Wilde, Charles Baudelaire et Serge de Diaghilev. Sur 1 280 candidates, Jacqueline obtient le premier prix : un séjour à Paris. Janet Auchincloss fait alors pression pour qu'elle y renonce : « Tu ne vas pas passer toute ta vie en France. » La bonne élève s'incline, mais Jacqueline la non-conformiste, Jacqueline Lion (premier décan) voit poindre l'aube de son Independence Day à elle. Puisqu'elle est douée pour le journalisme, pourquoi ne pas tenter d'y faire carrière ? Démarche originale pour une jeune fille de la bonne société à cette époque...

Hugh Auchincloss prend la peine de contacter l'un de ses amis au *New York Times* : Arthur Kroch. Celui-ci organise pour la belle-fille de son copain un entretien avec Frank Waldrop, rédacteur en chef du *Washington Times Herald* (aujourd'hui disparu). Quand Miss Bouvier se présente au bureau de la rédaction du *Washington Times Herald*, le journaliste est direct : « Etes-vous sûre de vouloir travailler dans un quotidien, ou voulez-vous seulement passer votre temps en attendant de vous marier ? – Mais c'est tout à fait sérieux, répond la jeune femme. Je veux faire une carrière. – Tous les emplois sont pris, mais on a besoin d'un photographe enquêteur, répond Waldrop condescendant. – D'accord », opine Jackie. Engagée sur-le-champ au salaire hebdomadaire de 42 dollars et 50 cents, elle téléphone immédiatement à un cours de photographie et apprend en un temps record les bases de la technique.

Son premier job est à la fois simple et complexe : chaque jour, pour une rubrique précise, elle doit poser une série de questions originales sur les sujets les plus divers à cinq ou six personnes. Elle photographie celles-ci, développe elle-même les clichés, compose et rédige sa colonne. Bloc en main, appareil-photo en bandoulière, elle court d'interview en interview. Une existence pittoresque, faite des hasards et des rencontres qui jalonnent la route des journalistes.

John Husted, un moment fiancé avec Jacqueline, se souvient de l'époque où elle n'était qu'une petite journaliste désargentée : « Elle avait alors une vieille petite voiture et rien dans son mode de vie ne révélait la moindre aisance financière. Elle n'avait rien d'élégant ni d'opulent. Je pris l'habitude d'aller à

Washington l'aider dans son travail qui était dépourvu d'intérêt mais follement drôle. Elle devait aller poser des questions saugrenues à des gens et les prendre en photo. On s'est beaucoup amusé. On est allé dans des supermarchés et on a posé à des gens des questions stupides comme : "Etes-vous favorable à ce que les hommes mariés portent une alliance ?"» Elle demande à des camionneurs ce qu'ils pensent de la haute couture parisienne. Elle interviewe à la sortie de leur école les deux nièces d'Eisenhower. Elle demande aux hommes de la rue : « Quand avez-vous découvert que les femmes n'étaient plus le sexe faible ? » ou bien : « Est-ce que les femmes sont un luxe ou une nécessité ? » Son sens de l'humour fait parfois mouche et elle remplit son emploi brillamment. Si brillamment que sa colonne devient vite celle de « l'Inquiring Camera Girl » et qu'elle la signe.

Sa carrière journalistique commence donc bien et sa vie sentimentale, si longtemps inexistante, se consacre à un seul être : John Husted. Fils d'un banquier new-yorkais, très beau garçon, il a pour seul défaut aux yeux de Janet Auchincloss « de ne pas être suffisamment riche pour sa fille ». « Jackie et moi, se souvient John Husted aujourd'hui agent de change à la retraite, nous nous écrivions, et au début ses lettres étaient très romantiques, tout comme les miennes, mais je peux dire que bientôt les élans se calmèrent. Elle m'écrivit que sa mère nous reprochait de vouloir aller trop vite, que nous ne nous connaissions que depuis peu de temps, et que nous devrions peut-être attendre. »

En fait, dès mars 1952, les rapports entre les fiancés, que John Husted qualifie de « chastes », commencent à se refroidir. Janet Auchincloss s'est livrée à une enquête discrète et a appris que le jeune homme ne gagne que dix-sept mille dollars par an chez Dominik & Dominik, et bien que ce chiffre n'ait rien de ridicule, elle le juge tout à fait insuffisant pour faire vivre une famille. Janet n'en dit rien à Husted – « son éducation lui interdisant d'évoquer cette question devant lui » – mais elle en parle à sa fille aînée. De Jackie, John Husted garde un souvenir ému : « Je fus tout de suite impressionné par son originalité, par sa sensibilité. Elle était aussi très belle avec ses grands yeux écartés et ses boucles brunes. Elle ressemblait à un chevreuil au sortir de la forêt devant son premier être humain. Elle avait sur le visage une expression d'éternelle surprise. »

Redoutable et efficace, Janet réussit à éloigner l'insatisfaisant parti, ne laissant à John Husted que des regrets : « Jackie était alors adorable, insouciante, pleine de finesse et très drôle quoique souvent mélancolique. » Après cette rupture en douceur, Jacqueline se retrouve un peu seule. Elle a toujours du mal à se faire des amies et réussit rarement à nouer des relations solides avec des femmes (à part sa sœur bien sûr). Peut-être reporte-t-elle d'une manière générale sur le sexe féminin le dépit qu'elle nourrit à l'égard de sa mère * ?

Une certaine lassitude professionnelle commence même à poindre. « Jackie, raconte John Husted, en eut assez d'aller interroger les gens dans les supermarchés. Elle voulut rencontrer des personnes plus huppées et chercha à interviewer des membres du

---

* « Elle était incapable de se lier avec des femmes de son âge. Je crois que cela venait de son incapacité à s'ouvrir. Elle avait le don d'amener les autres aux confidences, mais elle refusait de se livrer, comme l'attendent la plupart des jeunes », a remarqué John White.

Congrès, des sénateurs... » L'une de ses amies de Newport ajoute même : « La grande originalité de Jackie par rapport à nous fut de prendre un travail à la fin de ses études. Mais, finalement, elle se servit de ce travail pour rencontrer des gens intéressants et prendre John Kennedy au piège ; dès qu'elle y réussit, elle se maria comme nous autres. »

Nancy Dickerson, qui vécut à Merrywood, la trouve presque machiavélique : « Jackie était essentiellement motivée par l'argent. Elle fut certes élevée dans le luxe, mais on ne dépensa pas des sommes fabuleuses pour elle, et très tôt elle jura d'épouser un homme plus riche que son beau-père. » Gore Vidal lui-même reconnaît que « comme nous n'avions pas d'argent, il fallait que je travaille et que Jackie et Lee fassent un bon mariage ». Betty Spalding place la détermination de Jackie sur un plan plus affectif : « Jusqu'à ce qu'elle rencontre John Kennedy, un sentiment d'insécurité se lisait en elle. John avait douze ans de plus qu'elle et arborait une grande confiance en lui, frisant parfois l'arrogance. Jackie voulait échapper à la domination de sa mère qui critiquait tout ce qu'elle faisait. John la sécurisait totalement. »

Leur rencontre eut lieu le 8 mai 1952, dans la maison de Charles et Martha Bartlett à Georgetown, le Neuilly de Washington, une maison de poupée avec une cour derrière. Charles Bartlett est le correspondant à Washington du *Chattanooga Times*, un bon ami des Kennedy et leur voisin à Palm Beach en Floride. A ce petit dîner, John, qui n'est encore que député, parle uniquement politique et Jacqueline est accaparée par deux autres invités. Rien d'exceptionnel à signaler ce soir-là. Ils font connaissance, simplement. Il faut attendre sept mois pour qu'ils se revoient. C'est John le premier qui lui fait signe. La légende qui entoure déjà l'ambitieux Irlandais veut qu'il ne soit attiré que par des mannequins superbes, des starlettes voluptueuses et des jolies filles dépourvues d'instruction et d'éducation. De plus, Jackie est alors un peu empruntée, trop soucieuse de son apparence, préoccupée des vêtements qu'elle doit porter pour faire bonne impression. « Un peu sauvage », dirait-on. Betty Spalding ajoute : « Elle était assez jolie, mais elle n'avait certainement pas la beauté voluptueuse d'autres femmes qu'a connues John. Mais elle était très bien élevée, d'un très bon milieu et catholique. Idéale pour un futur président... »

Jackie s'efforce surtout de donner d'elle-même l'image d'une compagne chaleureuse, enthousiaste et gaie, qui aime l'art, la musique et la littérature. Ce qui chez elle plaît le plus aux hommes, c'est cette faculté qu'elle a de devenir « un phare de charme ». Lorsqu'elle aime un homme, elle en dirige le faisceau sur lui, ignorant tout le reste. Elle le boit de ses grands yeux écartés et l'écoute comme un oracle. C'est ce qui va se passer avec John Kennedy. Jackie déclarera à Mary Van Rensselaer Thayer, journaliste amie de sa mère, qu'elle a tout de suite vu que John « aurait une influence profonde, gênante peut-être » sur sa vie.

Commence alors une cour échaudée, car John s'apprête à combattre très dur pour arracher à Cabot Lodge le siège de sénateur dans le Massachusetts. Aussi, les rendez-vous sont-ils espacés. 1952 et 1953 sont des années décisives dans la vie de John. Son mandat au Congrès, renouvelé deux fois, vient à expiration et il tourne ses ambitions du côté du Sénat. L'enjeu est de taille. L'institution américaine est entourée d'un prestige qui la place à part de toute autre assemblée. L'audace de Kennedy est d'autant plus grande que le siège dont il veut s'emparer est détenu par un républicain de grande envergure. Le pays tout entier va s'intéresser à cette joute insolite. Kennedy l'emporte de 70 000 voix, devenant à 35 ans l'un des plus jeunes et prometteurs membres de la Chambre haute. Son triomphe est le produit de son ambition, de son extraordinaire instinct politique et surtout du travail d'une organisation publicitaire sans égale.

Pour Jackie, qui va danser avec lui au salon bleu de l'*Hôtel Shoreham*, l'accompagne à dîner chez les Bartlett et finit souvent la soirée au cinéma en sa compagnie, l'enjeu est tentant. Elle adore leurs soirées tranquilles où ils jouent au bridge ou au Monopoly avec Bob et Ethel Kennedy. Elle use des moyens les plus ingénieux qu'elle peut imaginer pour le séduire. Elle lui achète constamment des livres, lui apporte à déjeuner dans son bureau du Sénat et se sert de la rubrique de son journal pour le mettre en valeur. Elle est toujours disponible pour répondre à ses invitations de dernière minute. A un proche, elle confie : « Il va bien me demander en mariage après tout ce que j'ai fait pour lui. » A un autre, elle confesse : « Ce que je désire le plus au monde est de l'épouser. Je m'arrange pour être toujours libre pour lui. C'est de cette façon que j'y arriverai. » Jackie semble prête à utiliser tous les stratagèmes pour parvenir à ses fins.

Elle est pourtant troublée par le caractère « spasmodique » de la cour qu'il lui fait et par les bruits qui courent sur ses liaisons. Ce comportement cynique en amour, qui lui rappelle celui de son père, n'est peut-être pas pour lui déplaire. Lors du bal inaugural d'Eisenhower, c'est elle que John choisit pour l'accompagner. Lem Billings tente de le mettre en garde, voyant combien Jackie est différente des autres femmes avec lesquelles il est sorti pendant des années. D'une façon presque touchante, elle reconnaît : « Oui, je sais que je suis différente du type de femelles auxquelles il s'intéresse habituellement. »

En fait, d'après Langdon Marvin, « lorsque John rencontrait une fille qui lui plaisait, il ne perdait pas de temps en préliminaires ou en politesses. Il lui laissait tout de suite entendre ce qu'il en attendait. Lorsqu'il se trouvait assis dans un avion à côté d'une jolie fille, il arrangeait un rendez-vous avec elle, après quoi il la ramenait dans sa chambre d'hôtel. Ou bien c'était avec l'hôtesse de l'air. Lorsqu'il en avait fini avec la fille, il donnait généralement son numéro de téléphone à son père ou à l'un de ses frères, et ils agissaient de même avec lui ».

Edgar Folger a fort justement noté que « John Kennedy avait deux facettes : l'une guindée et très britannique, l'autre simple et très américaine. Il emmenait une fille danser dans un hôtel luxueux afin de l'impressionner, mais au fond, il préférait rester chez lui. Il aimait s'habiller sans façon de vieux chandails de tennis, de pantalons chinois, de mocassins sans chaussettes, et pour les manières, ce n'était pas toujours ça. En fait, il n'en avait aucune ; il ne savait pas ce que c'était que de s'effacer devant une femme, de lui tenir la porte, de se lever quand une femme entrait dans la pièce. A table, ce n'était guère mieux. Il engloutissait son repas et sortait de table, même si les autres n'avaient pas terminé. Il agissait de même lorsque la conversation ne l'intéressait plus. Il se levait alors et quittait la pièce sans rien dire. Plutôt gentil avec les gens, il ne se souciait pas de ce qu'ils pouvaient ressentir. J'imagine que ce genre de personnalité, énergique et brutale, attire les femmes ».

Jackie n'est pas aveugle et sait ce qui l'attend. Elle est en quelque sorte attirée par des hommes dangereux, à l'image de son père. Lem Billings a ainsi confié : « D'après moi, Jackie aimait le sexe, mais dans la mesure où il était inspiré par des sentiments véritables. Le sexe est le plus raffiné des jeux, et Jackie était extrêmement raffinée. Elle ne détestait pas non plus la tension, inhérente à toute relation amoureuse. Elle n'aimait pas voir John sortir avec d'autres femmes, d'un autre côté cela piquait sa curiosité. Elle s'efforçait de ne fermer aucune porte et s'arrangeait pour être vue avec toutes sortes de partis possibles, jeunes ou moins jeunes. Elle se prenait à ce jeu, jouait les filles inabordables, n'était pas toujours là lorsque John téléphonait, et pas toujours disponible, lorsqu'il était là. » Toutes les tactiques de séduction sont bonnes !

Il serait simpliste d'imaginer une jeune femme follement amoureuse, aveugle et un brin inconsciente. D'autant que John ne fait pas toujours attention à elle ou se moque de sa poitrine plate. Elle se défend de son mieux, étudie ses points faibles et les exploite avec art. « Les bouderies le rendaient fou, se souvient un ami de John. Il ne pouvait supporter les tensions et il s'efforçait de rétablir la concorde par tous les moyens, au point de s'en rendre littéralement malade. Jackie s'en était aperçue presque immédiatement et jouait magistralement de ses bouderies. Elle s'amusait aussi à piquer l'amour-propre de John avec esprit. »

Elle sait aussi se servir d'une vieille ruse : pour un cœur amoureux, absence fait plus que présence. Elle obtient de son journal de couvrir en mai et juin 1953 les préparatifs du couronnement et la cérémonie de l'accession au trône d'Elizabeth d'Angleterre. Au revoir Washington. « C'est ma grande chance de devenir une vraie journaliste et d'écrire enfin de vrais articles », explique-t-elle à John. Elle commence à envoyer ses premiers papiers accompagnés de photos dès le second jour de la traversée sur le *SS United States*. Elle relate la vie des chiens de luxe à bord et remarque que le valet du duc de Windsor perd plus de temps avec ses chiens qu'avec le duc lui-même. Elle parle des chenils de première classe à air conditionné. « Le grand talent de Jackie, a dit l'un de ses amis, est sa faculté de donner de la gravité aux choses les plus futiles. »

Pour le couronnement lui-même, elle ne manque aucune des cérémonies et des festivités qui suivent. Ses papiers font la une. Un triomphe journalistique. Un autre triomphe aussi car John Kennedy lui câble : « Articles excellents mais vous me manquez... » Un autre télégramme arrive bientôt : celui de la demande en mariage. Pour Lem Billings, « il était évident que l'idylle était allée plus loin qu'aucune des aventures précédentes de John, depuis la guerre. Je m'attendais donc à une demande en mariage, mais il était difficile d'imaginer John en train de poser la question. Je ne le voyais vraiment pas dire "Je t'aime" à quelqu'un et lui demander de l'épouser. C'était le genre de choses qu'il aurait voulu voir se produire sans avoir le besoin d'en parler. Il résolut donc le problème à sa façon ».

Dès que John la demande en mariage, Jackie quitte immédiatement son travail et ne se met à penser qu'à la cérémonie future et à sa nouvelle vie. Selon la femme d'un sénateur ami des Kennedy, « elle était terriblement amoureuse de John, mais elle avait beaucoup plus envie de se marier avec lui. Néanmoins, il y pensait et demandait conseil à ses amis. Il était tellement indécis que nous l'avons fait marcher en lui disant qu'il fallait organiser un vote au Sénat sur cette question ». Pour Betty Spalding, « lorsque John rencontre Jacqueline Bouvier, il a 35 ans et vient d'être élu au Sénat. Sa méfiance à l'égard du mariage a été vaincue par la nécessité politique de prendre épouse ».

Ce sont donc ses ambitions politiques qui ont motivé son mariage avec Jackie plus que toute autre chose. Il y a aussi le fait que le patriarche Joe Kennedy voit en la jeune Bouvier une épouse parfaite pour son fils. C'est une femme qui a de la classe (un de ses mots favoris) et elle en a suffisamment pour hausser automatiquement son époux dans l'échelle sociale. En outre, elle est catholique (exigence numéro un si John veut entrer à la Maison-Blanche) et le fait que Jacqueline soit une catholique d'origine française en fait à ses yeux une aristocrate quand il la compare aux catholiques irlandais de Boston.

Leurs fiançailles sont annoncées le 25 juin 1953. Ils ont dû en retarder l'annonce officielle d'une semaine, le *Saturday Evening Post* consacrant un grand article à John sous le titre : « Kennedy, le joyeux célibataire du Sénat. »

III

POUR LE MEILLEUR ET POUR LE PIRE

LE 12 novembre 1953, par une douce matinée d'automne, les éléments d'une superproduction en cinémascope sont réunis. Les jardins et les roseraies qui entourent Hammersmith Farm, la ferme d'apparat des Auchincloss, ont été taillés à la loupe. Un vent léger soulève les nappes dressées sur les terrasses. On a ratissé l'allée qui serpente le long de la mer, on a monté un vaste dais pour abriter l'orchestre qui accompagnera la réception et à l'intérieur de la maison, style « Chippendale », les domestiques ont installé des bouquets de fleurs et déposé des centaines de cadeaux de mariage sous l'une des nombreuses vérandas. On attend mille deux cents invités. Joe Kennedy, convaincu de l'enjeu de ce mariage, en terme de promotion sociale, a souhaité lui donner l'apparat d'un quasi-couronnement.

De la pluie de pétales de roses à la marque de champagne, l'organisation Kennedy a veillé à tout. Cependant, la petite église de pierres brunes de

Sainte-Mary de Newport ne peut accueillir que la moitié des invités. C'est dans le désordre que les photographes immortalisent la mariée, vêtue d'une robe de satin ivoire et d'un voile rose pâle, et escortée par douze demoiselles d'honneur. Jackie sourit. Un petit vent d'automne gonfle son voile et agite la frange de ses cheveux courts. Dans l'église remplie de chrysanthèmes blancs et de glaïeuls roses, membres du Congrès, politiciens figés et commères en chapeaux fruités chuchotent. Jackie, son bouquet d'orchidées roses et blanches à la main, s'avance au bras de son beau-père. Joe Kennedy a pris l'initiative de faire savoir que le père de la mariée, ayant été terrassé par une grippe à la dernière minute, ne pourrait mener sa fille à l'autel. Il est en fait complètement saoul et Janet, son ex-épouse, qui a convaincu un ami de la famille de faire boire Bouvier jusqu'à ce qu'il ne puisse plus tenir debout, exulte. John Kennedy, dans une jaquette de Harris & Co, apparaît à son tour en haut des marches. L'archevêque de Boston, Richard Cushing, un vieil ami des Kennedy, célèbre la messe nuptiale. C'est lui qui lit la bénédiction apostolique que le pape Pie XII a envoyée. Quarante minutes de cérémonie, puis le couple reçoit pendant deux heures les félicitations des invités dans le grand salon de Hammersmith Farm. Ensuite, c'est dans une prairie jonchée de fleurs d'automne qu'on procède au rite de la photo de famille grand format. Le mariage de l'année se conclut le soir, lorsque Jackie jette son bouquet et que, fuyant les trois étages de la ferme encombrée de cadeaux, elle s'échappe au bras de John pour leur lune de miel au Mexique.

Pendant leur séjour paradisiaque à Acapulco, la nouvelle mariée demande à son époux ce qu'il considère comme sa plus grande qualité et son pire défaut : « La curiosité, répond-il, et l'irritabilité, j'entends par là mon incapacité à supporter les raseurs, les insignifiants, les médiocres. » Jackie, quant à elle, folle de joie d'avoir épousé le célibataire le plus en vue du pays – célèbre, riche et beau –, est consciente d'être très différente de toutes les filles que John a connues. « Davantage de classe », souligne un proche. Elle éprouve envers son fringant époux des sentiments romanesques. N'écrit-elle pas pour lui un poème fort lyrique :

« *Il bâtira des empires*
Et il aura des fils
D'autres s'effondrent
Quand il poursuit sa course
Il trouvera l'amour
Sans trouver la paix
Car il lui faut chercher
La Toison d'Or
Et tout ce qui l'attend
C'est la mer et le vent. »

Au début de leur union, la réalité est parfois moins romantique. Pas toujours facile d'ajuster leurs goûts. Lui, réaliste, dynamique et ambitieux. Elle, sensible et aimant assez la solitude. Il se passionne pour l'histoire et la politique. Elle, pour la peinture et la littérature. John est essentiellement américain dans ses goûts, Jackie est cosmopolite. Pour lui, rien n'est meilleur qu'un bon steak, tandis qu'elle, apprécie la cuisine française et tient à connaître la différence entre un bordeaux et un bourgogne. Heureusement qu'un ami du couple, Lem Billings, souligne leur ressemblance : « Il voyait en elle un esprit semblable au sien ; je crois qu'il avait compris à quel point ils étaient pareils tous les deux... L'un et l'autre avaient traversé des circonstances qui n'étaient pas des plus favorables quand ils étaient jeunes et avaient appris à faire leur chemin tout seuls... Ils étaient d'ailleurs bien assortis. Ils se ressemblaient, même leurs surnoms, Jack et Jackie ; c'était les deux moitiés d'un seul tout. » Selon Betty Spalding, « ils avaient tous les deux une sorte de blocage affectif. Ils avaient les mêmes types de rejet et de panique. Chacun d'eux était tellement axé sur sa propre personne que finalement ils ne savaient pas vivre à deux. Ils n'étaient pas préparés à partager l'intimité de la vie conjugale ».

En fait, Jack et Jackie ont en commun d'avoir subi une influence très forte : Jack Bouvier pour elle et Joe Kennedy pour lui, qui leur ont inculqué une conception de la nature humaine selon laquelle chacun « est » ce qu'il « paraît être » aux yeux des autres ou ce qu'il parvient à faire croire qu'il est. Cet enseignement est fondamental pour Jackie. Dès son retour du Mexique, confrontée au clan Kennedy, elle tente de le mettre en pratique à Hyannis Port dans le Massachusetts.

Cet endroit est un mélange de maisons et de cottages de bord de mer habités par les riches Bostoniens. Les Kennedy y sont venus pour la première fois en 1928, dans une maison au bord de mer. John acheta la construction voisine et quelque temps après Robert Kennedy une autre. Les trois maisons ont été séparées par des haies et forment ce qu'on a pris l'habitude d'appeler le *Kennedy Compound*. Jackie y est soumise à rude épreuve. « Elle était terrifiée d'entrer dans le solide clan irlandais des Kennedy. Elle ne savait absolument pas comment se comporter avec cette mafia irlandaise », rappelle un témoin. Pour Arthur Schlesinger, « le monde foisonnant des Kennedy posait un vrai problème à Jacqueline. Il lui fallait préserver son identité dans une famille formée de beaux-parents actifs, de beaux-frères athlétiques et taquins, de belles-sœurs énergiques et compétentes. Bien souvent, il lui semblait vain de tenter de s'opposer à eux, que ce soit en politique ou en *touch football.* Aussi se défendait-elle parfois de façon exagérée, en prétendant, par exemple, une ignorance totale en politique ».

Comment, en effet, ne pas être écrasée par ces garçons qui, levés avec le jour, passent leur temps à pratiquer successivement et sans s'arrêter le tennis, le yachting, le golf, la natation, le football américain et bien d'autres sports encore ! « Le simple fait de les regarder m'épuise », a raconté Jackie un jour en public. Elle acquiert une idée très précise de l'ambiance familiale dès son premier Noël. David Kennedy a raconté : « Jacqueline avait offert à son mari une très belle boîte de peinture en espérant qu'ils passeraient tous les deux des moments mémorables, dans le vent, à peindre et à lire des poèmes. Mais presque immédiatement tous les Kennedy se saisirent de la boîte, vidant les tubes de couleurs sur des palettes improvisées, écrasant les pinceaux, rivalisant à qui ferait le meilleur tableau. Cela dura de neuf heures du matin à neuf heures du soir ; ils avaient commencé à peindre dehors, mais avec la tombée de la nuit, tout le monde se regroupa à l'intérieur en répandant de la peinture partout ; Rose faillit piquer une crise de nerfs et leur ordonna d'aller continuer dans les salles de bains ; et les voilà tous, qui sur le siège des W-C, qui sur le bord d'une baignoire, continuant de peindre sauvagement, pendant que Jackie les regardait faire avec une terrible expression sur son visage... »

Jacqueline s'efforce de rester elle-même : tandis qu'ils jouent au golf, elle fait du cheval ; tandis qu'ils courent sur la plage, elle les peint faisant leur jogging... Cette famille de champions, dont chaque membre essaie de surpasser l'autre, est une malédiction pour une femme qui déteste les sports d'équipe. « Dans notre famille, a raconté Rose Kennedy, chacun d'entre nous a toujours été poussé à donner le meilleur de lui-même, à développer le moindre de ses talents. » Une addition d'énergies étonnantes nées du même système éducatif à base de règles inflexibles (sport, lecture intensive, pratique religieuse, ponctualité, économie, châtiments corporels et « pas de pleurnicheries »). Figure de proue du clan : l'énergique Rose.

Jackie va toujours refuser de s'incliner devant elle, la considérant autocratique et égoïste, et l'appelant même « la Reine Mère ». Tout aussi redoutables sont les filles du clan. Elles ne cessent de dénigrer leur nouvelle belle-sœur, se moquant de sa voix douce et feutrée. La mâchoire défiante, une dentition de panneau publicitaire, le regard fouailleur et dans l'œil cette curiosité terrible qui dénude moralement et physiquement la personne sur laquelle s'attarde le regard, Eunice est la plus redoutable. Quand un jour Jackie confie que sa secrète ambition a été d'être danseuse, les sœurs hurlent de rire en regardant les grands pieds de Jackie : « Tu ferais mieux de jouer au rugby, ma petite. »

La finesse d'esprit de Jackie, ses goûts sophistiqués séduisent heureusement le patriarche Joseph. Il aime qu'elle soit capable de défendre son indépendance avec acharnement. Selon son biographe, « Joe Kennedy admirait l'indépendance franche de sa personnalité et ses goûts et Jackie se prit d'un sentiment très chaleureux pour son beau-père ». Il se montre capable de compréhension envers elle, ce dont elle lui est reconnaissante. Ainsi, lorsqu'au cours d'un dîner familial, la conversation tombe, John se tourne vers sa jeune épouse et lui demande à haute voix ce à quoi elle pense. Jackie sourit doucement : « Mais ce sont mes pensées à moi, dit-elle, et elles ne le seraient plus si je te les révélais, n'est-ce pas ? » Silence glacial de l'assemblée. Le vieux Joseph intervient en sa faveur et sauve la situation.

Hormis les longues vacances à Hyannis Port, les premières années de mariage se passent en déménagements, en emménagements, en départs subits, en séjours fortuits et en arrivées impromptues. On loue plusieurs appartements et maisons à Washington, New York ou Virginia. Jacqueline dépense allégrement et John, qui tente de pallier sa propre incurie en matière financière par une certaine pingrerie, commence à se faire du souci en voyant affluer les factures.

Comme l'a avoué un jour Jackie, les premiers mois de mariage ne se passent pas exactement comme elle se l'est imaginé. « Au cours de notre première année de mariage, nous avons vécu comme des romanichels au milieu des valises. C'était épuisant. John allait d'un bout à l'autre du pays faire des discours et ne dormait jamais plus de deux nuits de suite à la maison. Pour ne rien arranger, nous avions loué une maison dans Georgetown pour six mois et à la fin du bail, nous nous sommes installés à l'hôtel. Pendant l'été, nous avons fait plusieurs séjours chez le père de John à Hyannis Port. Nous y occupions la petite chambre de jeune homme de John au rez-de-chaussée. Je compris vite qu'elle n'était pas faite pour deux. J'aspirais à avoir une maison à nous. J'espérais que nous y gagnerions des racines, une certaine stabilité. L'idéal pour moi à l'époque, c'était une vie normale avec un mari rentrant tous les soirs à cinq heures, passant le week-end avec moi et les enfants que j'espérais avoir. Un matin de cette première année de mariage, John me dit : "Qu'as-tu prévu pour les quarante invités que nous avons à déjeuner ?" Personne ne m'en avait rien dit. Il était 11 heures du matin et les invités étaient attendus à 13 heures. J'étais complètement affolée. Dès que j'eus repris mes esprits, je me ruai chez un Grec du voisinage qui fait de délicieux ragoûts. Le déjeuner fut très réussi : ragoût, salade et framboises. Je me jurai de ne jamais plus m'en faire lorsque John ramènerait des invités imprévus. »

Les efforts culinaires de Jackie virent parfois au comique. Comme elle l'a raconté elle-même : « La secrétaire de John me téléphona pour me prévenir qu'il quittait le bureau. Ayant entendu des milliers de fois ces récits stupides de jeune mariée brûlant des repas entiers, je savais que tout se passerait bien, lorsque soudain, je ne sais pourquoi, une fumée impénétrable envahit la cuisine. Et lorsque j'essayai de retirer les côtelettes du four, la porte parut s'écrouler. Le plat glissa dans un geyser de graisse. Une des côtelettes tomba par terre, mais je la remis dans le plat directement. La sauce au chocolat brûlait en explosant. Quelle odeur ! La cuillère y restait coincée, malgré tous mes efforts. Le chocolat était dur comme pierre. Quant au café, il avait bouilli jusqu'à évaporation complète. Je m'étais brûlée le bras et il devenait violet. C'était l'horreur. Enfin, John arriva et m'emmena au restaurant. »

Mais d'autres tracas plus graves viennent assombrir leurs premières années de mariage. Au retour de ses tournées de propagande, John souffre atrocement. Toujours cette blessure de football reçue à Harvard il y a pourtant longtemps. Blessure d'étudiant que la guerre a recreusée. C'est l'épisode du Pacifique. Le bateau de John est coupé en deux par un destroyer japonais. John, précipité sur le pont, tombe sur la colonne vertébrale. Il nage durant cinq heures. Le rescapé devient un héros, mais l'intolérable douleur dans le dos subsiste. Une première opération en 1944 est un échec. Il va souffrir de plus en plus. Il maigrit, marche parfois avec des béquilles. Une insuffisance surrénale chronique complique son état.

Le 21 octobre 1954, moins d'un an après leur mariage, Jacqueline l'accompagne dans un hôpital de New York. Une infection se déclare. Autour d'elle en larmes, toute la famille s'est rassemblée au chevet du malade. Les chirurgiens pensent qu'il ne passera pas la nuit et Jackie demande qu'on lui administre les derniers sacrements. Fumant cigarette sur cigarette, elle cherche de l'aide auprès de Joe et du réconfort auprès de Dieu : « Ce fut la première fois de ma vie que je priai réellement », confia-t-elle plus tard. Miracle ! John se remet peu à peu. Les médecins décident même de l'envoyer passer les fêtes de Noël à Palm Beach, en Floride, dans la propriété de son père. Longue et douloureuse convalescence, huit mois d'immobilité.

Quand elle n'est pas au chevet de son mari, Jacqueline va se promener dans les magasins de Worth Avenue. Les courses et le lèche-vitrines deviennent le moyen de fuir la morosité de son environnement. Une échappatoire au monde réel qui va grandir au fil des ans de façon parfois presque obsessionnelle. En épouse psychologue, elle incite son mari immobilisé dans son lit à mettre en ordre ses souvenirs et ses idées. Elle se transforme en sa documentaliste et, paragraphe par paragraphe, en sa première lectrice. Le livre, c'est *Profiles In Courage*, futur best-seller et prix Pulitzer. Plusieurs fois par jour, elle vient s'asseoir sur le lit pour lui conter les derniers potins, grignoter les restes du repas sur le plateau et examiner surtout les infirmières pour savoir laquelle a déjà attiré le regard de John. Une fois même, Jackie demande à Grace Kelly (les Kelly et les Kennedy sont bien sûr deux clans irlandais proches l'un de l'autre) de se déguiser en infirmière afin de donner à manger au malade. John ne se rend pas compte du subterfuge et ne reconnaît pas la célèbre actrice ; la blonde préférée de Hitchcock, en sortant de la chambre, s'avoue un peu dépitée : « Je dois avoir perdu une partie de mon pouvoir. »

Après huit mois, John jette ses béquilles et retourne au Sénat, tandis que Jackie se met en quête d'une maison. Elle s'est en effet donnée une longue et plaisante tâche : mettre de l'ordre dans la vie de son mari, mettre de la beauté dans l'ordre et de la gaieté dans la beauté. Ce qui se traduit par l'achat d'une maison à Hickory Hill en Virginie, puis une deuxième, enfin la vraie, à Georgetown, quartier résidentiel de Washington. Celle-là est toute en briques rouges, avec une belle façade de trois étages. Dans le salon, à l'intérieur, elle fait installer une cheminée. Et puis tout ce qu'elle apporte : des meubles du XVIIIe siècle, une table de Boudin, des dessins de Vernet. Pour les murs, elle choisit des tons discrets et doux. Des fleurs embaument partout. Perfectionniste, elle modifie souvent la décoration et change ainsi trois fois en trois mois le papier mural de la cuisine, de sorte que John se plaint de se sentir dans son propre foyer « comme un voyageur en transit ».

La styliste Estelle Parker se souvient des anxiétés de Jackie à l'idée de tenir une maison. « Elle craignait d'être une mauvaise maîtresse de maison. Elle disait ne rien y connaître. Elle avait été élevée au milieu de femmes de chambre et de cuisinières, savait mettre un couvert et faire un bouquet, mais était incapable de cuire un œuf. Elle avait abandonné sa situation et essayait d'apprendre à tenir une maison. Pendant que je lui faisais ses essayages, elle me demanda si je pourrais lui donner des trucs, susceptibles de l'aider. Mon mari et moi remplîmes un grand carnet de toutes sortes de suggestions : mettre dans le réfrigérateur de la viande froide et de la bière pour le sénateur et ses copains politiciens ; comment faire durer les fleurs coupées ; pour économiser les draps, se servir du drap de dessus comme drap de dessous. Evidemment, lorsqu'elle devint présidente, quelques années après, elle faisait changer ses draps trois fois par jour, mais au début, elle était plus raisonnable. Quand je la revis deux ans plus tard, elle m'avoua avoir toujours le carnet en sa possession et s'en servir régulièrement. » « Sans ces conseils, je ne sais pas ce que je serais devenue », dit-elle.

Comme John brigue le poste de vice-président démocrate dans les élections présidentielles de 1956, il mène une vie de nomade entre Washington et Boston, Newport et Palm Beach. Or, Jackie n'est pas préparée aux dures réalités de la vie d'épouse d'un homme politique américain. « Ça a été difficile, surtout pendant notre première année de mariage, raconte-t-elle au *Saturday Evening Post*. Quand on est mariée à un sénateur, il faut s'adapter au fait que la seule routine est l'absence même de routine. Il n'est jamais rentré le soir avant huit heures, souvent même plus tard. Il est parti presque tous les week-ends, parce qu'il doit prononcer un discours quelque part. Non, je ne le suis pas. Je reste à la maison. De plus, il est souvent si fatigué qu'on ne peut guère sortir... » Comme le remarque M. Childs, « avec un mari tellement égocentrique, tellement ambitieux, occupant le centre d'un clan protecteur et jaloux, il ne lui restait qu'un rôle limité ».

En fait, selon l'écrivain Truman Capote, Madame Kennedy snobe alors le monde politique. Elle considère les hommes comme de grossiers mâchouilleurs de cigares et les femmes comme d'assommantes rabâcheuses : les uns et les autres se conduisent comme s'ils étaient en permanence sur un plateau de télévision, manifestant en toutes circonstances le conformisme le plus épais à grands coups de phrases toutes faites. Selon Jackie, les femmes de ce milieu ne parlent que chiffons, enfants et petits-enfants, régimes et livres de cuisine. Elles échangent des recettes, et se répandent en remarques sirupeuses sur « les braves gens de l'Amérique profonde », qui forment ces masses dont le vote commande le retour de leurs maris à Washington. « Jackie n'était ni Elsie de Wolfe, ni la maharané de Cooch-Behar, mais elle était beaucoup plus subtile que la plupart de ces femmes de politiciens, dit Truman Capote. Elle était à la fois naïve et fine mouche. Elle ne supportait pas ces créatures. Elle brocardait leur manque de chic et leur dévotion aveugle à la carrière de leurs maris. "Quelles gourdes", disait-elle. La supériorité de Jackie tenait à son éducation new-yorkaise, à sa fréquentation des meilleures écoles et à ses voyages à l'étranger. Elle était acquise, pas innée. Cela la mettait à part parmi les femmes dont les maris avaient choisi de faire carrière dans la politique. Elle avait plus de flair, de goût et d'imagination. »

L'attitude de Jacqueline, qui ne fait aucun effort pour participer à la campagne de son mari, irrite la tribu Kennedy même si Rose dans ses *Mémoires* remarque simplement : « Nous savions qu'elle était pleine de ressort et de courage, mais nous savions aussi que c'était une personne plutôt timide qui supportait difficilement trop d'attention de la part du public. Elle n'était pas de l'étoffe des gens nés pour faire campagne. » Les rares fois où Jacqueline accepte de paraître à des réunions et réceptions, la muflerie de son mari volage lui fait mal... Il lui arrive de se retrouver seule, perdue, après que John s'est éclipsé avec une inconnue. Jackie a parlé avec George Smathers de la « violente indépendance » de Jack. Peut-être n'est-elle pas préparée à ce qu'il se montre coureur de façon aussi flagrante. Un ami du couple va même jusqu'à affirmer : « Après un an de mariage, Jacqueline errait déjà, de-ci, de-là, comme la survivante d'une catastrophe aérienne. »

« Jackie me déclara un jour que John Kennedy avait un corps minuscule et une énorme tête, dit Truman Capote. C'était dans un moment de colère. Je ne crois pas qu'elle se doutait de ce qui l'attendait en l'épousant. Entre son père et lui, c'était la compétition permanente à celui qui se ferait le plus de femmes. Jackie n'était pas préparée à une inconduite aussi flagrante. Elle ne s'imaginait pas abandonnée dans une soirée, pendant que son mari filait avec une belle. Elle ne s'attendait pas davantage à devenir la risée des femmes de son entourage, qui savaient, comme tout le monde, ce qui se passait. » Se confiant à une amie, Jackie présenta les choses de façon plus modérée : « Je ne crois pas qu'il existe des hommes qui soient fidèles à leurs femmes. Les hommes sont un tel mélange de bien et de mal. » Truman Capote était beaucoup plus brutal : « Tous les Kennedy mâles se ressemblent ; ils sont comme des chiens, ils ne peuvent pas voir une bouche d'incendie sans s'arrêter pour lever la patte. »

Pour Ormande de Kay, « de tous les hommes qu'elle aurait pu épouser, il est étonnant que Jackie ait jeté son dévolu sur un politicien aussi ambitieux, un coureur notoire (tout comme l'était le père de Jackie). Ils étaient tous les deux du genre à sauter sur tout ce qui bouge. La pensée qu'elle pourrait réussir là où sa mère avait échoué fut, à mon avis, pour quelque chose dans la fatale attraction qu'elle éprouva pour lui : amener au repentir un mari polygame ». L'écrivain Gore Vidal estime, lui, que Jackie savait et approuvait tacitement ou qu'en tout cas elle fermait les yeux sur les vagabondages de John ; Vidal qualifie le mariage Kennedy de « mariage de convenance à la façon du XVIIIe siècle qui arrangeait les deux partis ». Pour lui, Jackie et sa sœur Lee avaient été élevées dans le même esprit que les courtisanes d'antan.

Pendant ses années parlementaires, Kennedy n'eut aucun mal à se trouver des compagnes, bien qu'il eût la réputation, parmi les femmes de Georgetown, d'être un partenaire décevant, qui faisait l'amour l'œil sur la montre. « Si on en juge par le temps qu'il passait avec une femme, dit George Smathers à Kitty Kelley, c'était un piètre amant. Il recherchait davantage la quantité que la qualité. » Un portier du *Capitole* a aussi expliqué que : « A cause de son dos, il préférait faire l'amour avec la fille sur lui. Il trouvait plus excitant que la fille fasse tout. Il n'aimait pas se blottir contre elle après l'amour, mais il aimait parler et il avait un grand sens de l'humour ; il adorait rire. »

Le pouvoir est le meilleur des aphrodisiaques. John se livre à la débauche le plus allégrement du monde. David Heymann cite un informateur anonyme du FBI qui qualifie l'*Hôtel Mayflower* à Washington d'« aire de jeu personnelle de Kennedy » et raconte qu'il assista à une réception où le sénateur John Kennedy et le sénateur Estes Kefauver, autre éminent coureur de jupons, firent l'amour à leurs petites amies respectives devant tous les convives. La chose faite, les deux sénateurs échangèrent leurs partenaires et recommencèrent. Dans un livre paru en 1987, *Capitol Hill in Black and White*, souvenirs d'un ancien maître d'hôtel du Sénat, Robert Parker confirme ces dires. Au milieu des années cinquante, Parker travaillait pour *Harvey's*, restaurant à la mode à Washington, situé tout à côté du *Mayflower*. « Contrairement à d'autres sénateurs, écrit Parker, Kennedy y prenait rarement ses repas. Au début, il passait commander le dîner, que je lui portais dans sa garçonnière... au *Mayflower*. Puis il commanda par téléphone ; moi et d'autres garçons, selon le nombre des invités de JFK, apportions les plats dans la chambre et faisions le service... Kennedy y donnait constamment des parties fines. Il était parfois seul avec une femme, parfois il réunissait plusieurs hommes et leurs petites amies. Lui-même ou un de ses assistants m'appelait le matin pour me demander de préparer la chambre. Je dressais le bar, préparais une collation et veillais à ce qu'il y ait beaucoup de glace. »

De cette attitude de John envers les femmes, Jackie feint l'indifférence. Mais pour un proche, Langdon Marvin : « Je présume qu'elle en fut très affectée. J'ignore s'il existe quelque preuve médicale, mais je me suis parfois demandé si cette tension n'a pas été à l'origine de toutes ses fausses couches et autres ennuis du même genre. Elle fit une fausse couche la première année de son mariage. Si elle ne gagnait pas en sérénité, lui dit son médecin, elle risquait d'avoir du mal à garder un enfant. Cette situation inquiétait John et l'incitait probablement à avoir des aventures. Il voulait une famille nombreuse, au moins cinq enfants, mais il comprit très vite qu'il ne l'aurait pas. »

Ainsi, bien qu'elle soit enceinte, elle accepte d'être omniprésente à la Convention démocrate de Chicago, où son mari brigue la vice-présidence. Alors qu'avec son brain-trust, il occupe une suite au *Hilton*, Jackie reste en compagnie de Eunice Kennedy et Robert Sargent Shriver. Il fait horriblement chaud cet été-là et la tension permanente du combat électoral est épuisante. John échoue de très peu, de quelques voix seulement au profit de Estes Kefauver. Acceptant sa défaite avec un sourire forcé, il décide de partir le lendemain pour la France afin de passer des vacances avec ses parents. Jacqueline le supplie de rester auprès d'elle mais John désire se changer les idées. Comme le raconte une de ses amies de Newport : « Elle était tellement contrariée qu'il soit parti de cette façon, qu'elle en était toute bouleversée ; et en plus cette convention qui n'en finissait pas avec toute cette foule et le bruit et tout... elle se retrouva à l'hôpital. »

Devant un début d'hémorragie, elle entre le 23 août 1956 à Newport Hospital où on lui fait d'urgence une césarienne. Le fœtus, de sexe féminin, est mort-né. C'est à bord d'un yacht qui effectue une croisière autour de la Méditerranée que John apprend la triste nouvelle par un télégramme. Mais le « malheureux père » ne paraît guère pressé de regagner son foyer pour autant. La présence d'une jolie passagère sur le bateau en est la principale raison. Finalement, trois jours après avoir appris la tragédie, il se décide à prendre l'avion pour rentrer, cédant aux instances de son entourage qui le presse de raccommoder son ménage en lambeaux s'il a toujours envie de faire carrière dans la politique à un échelon élevé...

Quand Jackie quitte l'hôpital, c'est pour se réfugier à Hammersmith Farm chez les Auchincloss, et non pas au domicile conjugal. Epuisée physiquement et moralement (elle confie même à ses proches que peut-être elle ne pourra jamais avoir d'enfant), elle refuse de revoir son mari. La nouvelle de leur possible séparation se répand au point qu'on en fait publiquement état. Le patriarche Joseph Kennedy joue les intermédiaires pour négocier un compromis et sauver le ménage. Mais pour Jacqueline, secrète et réservée, n'avouant sa solitude qu'à son proche entourage, il est difficile de rester dans le sillage d'un mari aussi égocentrique, de s'accrocher à une union qui, d'après elle, est « un échec ». Dans le clan Kennedy, où chaque membre multiplie les superlatifs, où Bobby passe pour le plus énergique, Patricia pour la plus chic, Teddy pour le plus naturel, Jackie hérite constamment de l'expression « Poor Jackie ! » (Pauvre Jacqueline !). Joseph Kennedy tente de la rassurer en lui affirmant que, contrairement aux apparences, son mari l'aime beaucoup, que ce qui manque à leur mariage, c'est un enfant.

Or, tous ceux qui s'allient au clan doivent servir la volonté et l'ambition irrésistible de ses membres. Les affronts permanents que Jackie subit, de la part de ses belles-sœurs par exemple, excitent sa fureur. « Elle avait constamment des sautes d'humeur, se souvient un témoin. Et comme John ne les supportait pas, elle passait la plupart du temps toute seule à lire. » Elle doit aussi endurer la pitié douceâtre des autres femmes de son cercle – un milieu politique qu'elle méprise et dans lequel elle n'a aucune amie. Perturbée par ses propres sautes d'humeur, elle sombre peu à peu dans une quasi-dépression nerveuse. Les contraintes qu'entraînent la carrière politique de son mari et les exigences de sa famille la torturent. « J'ai une tendance naturelle à l'introversion et à la solitude et aussi à broyer du noir. » Ses accès de cafard deviennent chroniques. On a même parlé d'un séjour dans une clinique psychiatrique du Massachusetts et d'une série d'électrochocs. La mort de son père, le 3 août 1957, d'un cancer du foie, l'éprouve. Elle décide cependant d'organiser elle-même en détail les funérailles. Un de ses amis remarque à ce propos « qu'elle est tout à fait capable de bien réagir dans des situations dramatiques mais qu'elle ne sait pas faire face aux petits événements de la vie quotidienne ».

Ce qui la sauve bientôt de la neurasthénie chronique est la naissance de Caroline. Une amie de Georgetown raconte ainsi que « cet enfant a vraiment fait toute la différence pour elle. Elle avait tellement désiré ce bébé et fait tellement de sacrifices pour que l'accouchement se passe bien ». Caroline vient au monde par césarienne au lendemain de la grande fête américaine du Thanksgiving 1957. Jacqueline choisit ce prénom d'après sa marraine Caroline Lee Bouvier. Trois semaines après sa naissance, l'enfant prend possession de son berceau dans la maison du 3307 N Street à Georgetown. Sa venue au foyer semble tout à coup remplir la vie de Jackie. « Cela lui a donné l'impression d'être utile et même indispensable. En outre, cette naissance la faisait mieux accepter par les femmes Kennedy. Avant Caroline, elle était profondément malheureuse, essayant de meubler sa vie. »

Elle engage vite une nurse anglaise, Maud Shaw, car l'année 1958 constitue pour John un moment important : celui de sa réélection au Sénat. Jackie doit sortir de sa réserve et participer à la campagne. Impossible pour elle d'échapper aux indispensables dîners, réceptions et conférences de presse. Or, comme l'affirme le sénateur aux journalistes, « quand Jacqueline fait quelque chose, elle le fait bien ». Lem Billings a ainsi raconté que « tous deux étaient des acteurs et chacun appréciait la prestation de l'autre. C'était incroyable de les voir quand ils donnaient une réception. Par exemple, Jackie pouvait s'asseoir à côté d'un vieux bonhomme qui aurait à peine hoché la tête de toute la soirée, et lui poser une question si indiscrète que les yeux du vieux paraissaient soudain lui sortir de la tête. Pendant tout le reste de la conversation, tous deux semblaient unis par un secret intime. John était exactement pareil. Tous deux avaient le chic pour vous faire sentir qu'il n'y avait pas un autre endroit sur la terre où vous auriez été mieux ».

Anita Fay reconnaît elle aussi ce don et met l'accent sur le professionnalisme de Jackie : « Sur les instantanés, il arrive toujours que l'un ou l'autre d'entre nous soit photographié avec une écharpe de guingois, ou une expression idiote ou n'importe quoi de ce genre, mais pas Jackie ; chez elle, sa coiffure comme le reste, tout était toujours parfait. Depuis le jour où je l'ai rencontrée pour la première fois, j'ai senti que j'étais en présence d'une très grande actrice. »

Opération séduction réussie puisque le sénateur Kennedy est réélu triomphalement, avec une majorité de 870 000 voix sur le candidat républicain. Après ce prélude, s'ouvrent l'année 1959 et les primaires pour la nomination à la Convention démocrate et la campagne présidentielle. John reprend le chemin de ses discours. Pas moins de dix mille invitations pour parler de la politique démocrate et de son programme. C'est la campagne, une rude campagne non pas pour un Etat, mais pour l'ensemble des Etats de l'Union. Une seule règle : se lever à l'aube tous les matins. Cette guerre, Mrs Kennedy la fait comme elle peut, le plus près possible de John qu'elle suit d'étape en étape. Elle apprend qu'elle est enceinte au printemps 1960. Cette grossesse va lui épargner les corvées les plus éreintantes de la course électorale. Elle n'en continue pas moins à sourire en permanence, serrer des centaines de mains quotidiennement et trouver un mot aimable pour chacun. Sans oublier la présidence de banquets, avec des milliers de couverts, que le parti exige. Un jour, alors que six convives seulement la séparent de son mari, Jacqueline ironiquement bat des mains : « Il y a quatre mois que nous n'avons pas déjeuné si près l'un de l'autre... »

Loin de s'inquiéter du tourbillon qui l'entraîne, le candidat démocrate est plutôt enclin à en accélérer le rythme. Certes, on ne conçoit Kennedy ni immobile ni inactif. Un témoin observe qu'« il ne restait pas une minute en repos, corrigeant le désordre de ses cheveux, ajustant sa cravate, arrangeant sa ceinture, mettant ses mains dans ses poches, les en sortant... Sans cesse agité, sans cesse hanté par une nouvelle pensée, tantôt téléphonant, tantôt posant les questions les plus diverses. Les Kennedy n'avaient jamais pu vivre dans le calme et John ne faisait pas exception ».

Avant le grand jour, il y a un pré-grand jour. C'est celui où il se présente à Los Angeles à la Convention nationale démocrate pour y être investi. Jacqueline se trouve à Hyannis Port avec sa mère et Joseph Kennedy quand, à cinq heures du matin, le téléphone sonne pour annoncer la victoire. Désormais considérée comme « potential First Lady », Jackie, enceinte, décide d'utiliser son joli brin de plume de columnist. Chaque semaine jusqu'au scrutin final, elle rédige un article que tous les quotidiens américains reproduisent. Grande première médiatique : c'est la chronique de la femme du candidat à la présidence des Etats-Unis. Le public américain manifeste de façon inédite un énorme intérêt à l'égard des femmes des deux candidats. La très middle-class Pat Nixon se montre très active auprès de son époux, ce à quoi Jacqueline répond : « S'il n'y avait pas le bébé, je ferais campagne encore plus énergiquement que Mme Nixon. » Les journaux s'amusent à comparer les garde-robes de la blonde et de la brune. L'entourage de John s'inquiète de l'image trop sophistiquée de Jackie par rapport à celle de Mme Nixon. Pour les interviews, John ne donne qu'un seul conseil à son épouse : « Souris simplement et parle de Caroline. »

Evidemment, l'état-major Kennedy sait bien que Jacqueline n'a pas le style « stay at home wife », ce côté popote où la majorité silencieuse aime, paraît-il, à se reconnaître. Elle n'a pas la tranquille modestie de Bess Truman, ombre bourgeoise de l'ancien président démocrate. Elle n'a pas sur les destinées de l'univers les vues fulgurantes de la grande Eleanor Roosevelt ou le côté sympathique de Mamie Eisenhower. Elle est, pour certains, trop jolie, trop jeune, trop sophistiquée et surtout trop bien habillée. Les adversaires de Kennedy jouent à plusieurs reprises de cette corde-là. L'un d'eux, dans le feu de la campagne électorale un brin impitoyable, croit la jeter dans l'embarras en lui posant une question devant laquelle les politiciens les moins courtois de la vieille Europe auraient reculé : « Est-il vrai, Mrs Kennedy, que vous dépensez trente mille dollars par an (cent cinquante mille francs) pour vos robes ? » Jacqueline, fine mouche, lui répond que si cela était vrai, il lui faudrait, pour atteindre un pareil budget vestimentaire, « porter des dessous en zibeline... ».

On peaufine donc, pendant la campagne, le portrait de Jackie active et responsable. Elle organise des thés pour collecter des fonds de propagande, écrit personnellement aux femmes des électeurs importants, paraît à la télévision avec Caroline dans les bras et ne refuse aucun sourire aux objectifs des caméras. Elle qui a horreur de ce qu'elle appelle « des parlotes » va même jusqu'à prendre la parole en public à New York, en espagnol, en italien et en français, pour décider les minorités étrangères de la ville la plus cosmopolite du monde à voter Kennedy. Vers la fin de la campagne, elle se sent souvent très nerveuse et s'inquiète de l'issue de cette longue bataille, la mort dans l'âme : « Ça ne me fait guère plaisir d'aller à la Maison-Blanche. C'est le destin de mon mari. Je ne peux pas aller contre son destin personnel. »

Le tournant de la campagne est probablement le duel télévisé Nixon/Kennedy. Selon l'un de ses conseillers, « John savait son style idéalement adapté à la télévision. Sa manière directe de s'exprimer, son économie de gestes et d'inflexions dramatiques, son charme convaincant quoique timide, tous ces traits avaient pu être des handicaps devant la foule, mais devenaient adéquats au living-room ». Dans la matinée du 8 novembre, John Fitzgerald Kennedy et son épouse votent à Boston. L'adresse électorale choisie est symboliquement bostonienne (122 Baudoin Street). Ensuite le couple, sous les flashes des photographes, prend l'avion pour Hyannis Port.

C'est dans une intimité familiale retrouvée qu'après le dîner, on passe au salon où tout le clan regarde s'inscrire sur le petit écran les scores du plus grand match qu'un Kennedy ait jamais joué sur aucun terrain. Dans la véranda de la maison, trente téléphones, quatre télétypes et une rangée de téléviseurs sous la surveillance du directeur de campagne. Vers 22 heures, les augures donnent Kennedy gagnant par plus d'un million de votes. Vers 23 heures, Nixon semble rattraper son retard. Vers 23 h 30, John suggère à Jacqueline d'aller dormir, car il pense à l'enfant qui doit venir au monde dans quelques semaines. Tout au long de la soirée, JFK reste anxieux et inquiet quant à la victoire finale. A trois heures du matin, il regagne sa chambre, rien n'étant écrit. Quand il se réveille, il est président.

Maud Shaw, la nurse de Caroline, raconte dans son livre de souvenirs la manière dont Kennedy apprit son élection : « Le nouveau Président n'était qu'une bosse sous les draps, mais Caroline traversa la chambre en courant, sauta sur le lit et tira les couvertures de la tête ébouriffée de son père. Il grogna, ouvrit les yeux et sourit à sa fille. Caroline joua son rôle parfaitement. Le minutage était réussi. Elle ne dit rien avant qu'il ne l'ait serrée dans ses bras et embrassée. "Bonjour, Monsieur le Président, s'écria-t-elle alors, les yeux brillants de plaisir. – Eh bien, est-ce vrai ?" Caroline lança un regard vers le seuil de la pièce, où je me trouvais ; son père suivit son regard. "Je le suis, Miss Shaw ?" demanda-t-il. Il regarda sa montre avec un air de doute. "En tout cas, je n'étais pas à la Maison-Blanche ce matin à 4 h 30. – Oh, je suis sûre que vous avez été élu, Monsieur", dis-je. » Toujours selon la nurse, John demande de vérifier les résultats à la télévision. « Mais à ce moment, raconte-t-elle, la Californie n'était pas encore gagnée. Quand le résultat lui parvint, Kennedy lui dit simplement : "Voilà, maintenant nous y sommes." »

Jackie, elle, est déjà levée. Surveillée de loin par les membres des services secrets attachés à la protection du nouveau président, elle se promène sur la plage, dans un vieil imperméable, des sneackers, une écharpe nouée sous le menton. A la fois mélancolique, secrète et angoissée. Tandis que toute la famille, les proches, entourent et félicitent le nouvel élu, Jackie, solitaire, essaye de trouver un peu de paix face à la mer. Pour elle, la perspective de devenir la « First Lady à la Maison-Blanche est un martyre ». Enceinte de huit mois, paniquée devant un avenir qui ne la réjouit guère, la jeune femme se sent prête à pleurer, persuadée que personne, et surtout pas un Kennedy, ne peut la comprendre.

IV

PREMIERS PAS

Au lendemain de son élection historique, malgré la faiblesse de sa majorité, John doit encore passer soixante-dix-neuf jours avant le moment officiel de l'Inauguration Day (Jour de l'Investiture). Tandis qu'il profite de cette courte période pour former son gouvernement, doter les postes principaux des administrations, arrêter un plan pour les célébrations de sa prise de fonction, Jacqueline passe les dernières semaines de sa grossesse dans la dépression. « Je ne peux pas supporter ce chaos. Il me rend folle.
– Mais qu'est-ce qui se passe, Jackie ?, lui répond son époux, qui au contraire savoure chaque minute de cette excitante période. La seule chose que tu aies à faire est de te préoccuper de la robe que tu porteras au bal d'inauguration. » L'idée d'avoir à vivre sous les projecteurs et de signer le bail d'une maison de cent cinquante pièces pour quatre ans (« Cette horrible maison », ainsi désigne-t-elle la Maison-Blanche) lui fait peur.

Tout lui semble relever de la corvée ; son énergie et son moral sont anéantis. La campagne électorale a mis ses nerfs à vif. Norman Mailer a écrit qu'elle avait, à cette époque, les nerfs à fleur de peau. Truman Capote, qui la rencontre aussi, note prosaïquement que « quelque chose ne tourne pas rond chez elle ». Paul Mathias, pour sa part, écrit qu'« elle n'est pas une femme heureuse parce que trop compliquée, fantasque. Or, il y a des moments où elle perd le contrôle d'elle-même et ces périodes aggravent le déséquilibre qui est en elle ».

Kennedy reste perplexe devant ces crises ; il ne comprend guère comment une femme ne peut se réjouir de la vie exaltante qui l'attend à la Maison-Blanche. Tandis qu'il part seul se détendre quelques semaines dans la propriété familiale de Floride, Jacqueline reste à Georgetown. La naissance de son enfant est attendue seulement dans quatre semaines. Mais, le soir même du départ, elle doit se faire conduire d'urgence à l'hôpital pour subir une césarienne. Le 25 novembre 1960, à 1 h 17, naît John Fitzgerald Kennedy Jr. que tout le monde appelle John-John. Atteint par un sentiment de culpabilité, le président accourt d'urgence au chevet de sa femme. Pour la première fois depuis qu'il existe des présidents à la Maison-Blanche, un enfant naît en cours de « règne ». Cette naissance prend des proportions comparables à celles d'un Windsor. La maison de Georgetown est inondée d'une pluie de cadeaux que la secrétaire personnelle de Jackie, Mary Barelli Gallagher, a mission de trier : ce sont toutes sortes de chaussons et bottines, de vêtements, couvertures et autres présents plus curieux les uns que les autres.

Redevenue euphorique, la prochaine First Lady passe plusieurs semaines de convalescence au lit à préparer sa nouvelle vie. Pendant ce temps-là, la presse et l'Amérique tout entière font d'elle leur nouvelle star. Comme le Saint-Tropez des années 60 ressemble à Brigitte Bardot, l'Amérique des sixties va adopter le style de la nouvelle présidente. La blondeur de Grace Kelly et de Marilyn Monroe est éclipsée. La fureur, maintenant, c'est d'être brune. Les coiffeurs new-yorkais consomment la teinture au litre. Un mannequin, Eugenia Mac Linn, qui a la chance de ressembler à Jackie, fait fortune. Chez Candry Jones, où la haute couture américaine recrute les étoiles de ses modèles, on commence à maquiller les filles avec le « Jacqueline Kennedy look ». Comme le remarquent à l'unisson tous les magazines : « Hollywood lui-même ne se serait jamais permis de confier un rôle de présidente à cette brune superbe dont le visage et la silhouette de mannequin font battre tous les cœurs. »

Tandis que John peaufine sa cérémonie d'intronisation pour en faire un événement qui marquerait de façon spectaculaire la rupture avec le passé (un discours inaugural d'un ton surprenant avec la cantatrice Marian Anderson pour chanter l'hymne national ou Frank Sinatra et une pléiade de vedettes pour animer les galas organisés avant et après la prestation de serment), son épouse se préoccupe enfin de ses robes. Elle en commande une de crêpe de soie blanche chez Bergdorf Goodmann pour le bal d'inauguration et se tourne surtout vers un modéliste à la mode, à la fois new-yorkais et hollywoodien : Oleg Cassini.

Oleg Cassini est un étonnant personnage. Celui qu'on a décrit comme « grand, mince, l'air asiatique, avec des pommettes saillantes et une moustache tombante », est un Russe, né à Paris, avec la nationalité italienne (sa mère, Marguerite Cassini, était la fille de l'ambassadeur du tsar Nicolas II à Washington). Oleg arrive à Hollywood en 1938 pour tenter d'y réussir comme dessinateur de costumes. En fait, c'est la haute couture qui, dès 1945, retient son talent. Elégant, amateur de polo, remarquable joueur de tennis, il a fort belle allure et ne fréquente que la haute société. Après un premier mariage malheureux avec une riche héritière de produits pharmaceutiques, il a épousé l'actrice Gene Tierney dont il a eu deux filles ; puis, divorcé, il devient l'ami intime de la milliardaire Barbara Hutton. Il tombe ensuite amoureux de Grace Kelly et lui demande même sa main. Mais la famille Kelly oppose un veto à toute idée de mariage, Mme Kelly allant jusqu'à dire au couturier : « Ecoutez, Oleg, vous êtes un charmant chevalier servant mais, à mon avis, un mariage serait plutôt hasardeux avec vous. » On devra demander à un autre Irlandais, ami de la famille, Joseph Kennedy, d'expliquer à l'élégant Oleg que sa religion orthodoxe, ses deux divorces et ses deux enfants sont des obstacles insurmontables. Il reprend alors sa vie de don juan et il lui arrive fréquemment de croiser les Kennedy dans des parties joyeuses où John et lui se disputent les mêmes starlettes.

Cela amuse Jackie qui apprécie surtout ses bonnes manières et son côté aristocratique. Dès le mois de décembre 1960, elle lui adresse une longue lettre qui fait de Cassini le couturier officiel de l'ère Kennedy. C'est seulement récemment que le modéliste en a révélé le contenu – la forme et le fond sont révélateurs du caractère de Jackie :

« Cher Oleg,

« Dieu merci, toute cette agitation est terminée, et je n'ai pas eu à manquer à ma parole ni à votre égard ni à l'égard de Bergdorf. Je sais maintenant ce qu'éprouve ce pauvre Jack quand il dit à trois personnes qu'elles sont susceptibles de devenir secrétaire d'Etat. Je pense que ça s'est bien arrangé pour vous – n'est-ce pas ? – et vous étiez charmant et galant et un vrai homme du monde et tout ce que vous êtes en fait et que j'attendais de vous. Cette lettre n'est qu'une série de réflexions incohérentes dans lesquelles je dois mettre de l'ordre de façon à pouvoir consacrer les prochaines semaines à vraiment récupérer, sans avoir à penser à toutes sortes de détails, sinon je ne serai plus qu'une épave et je n'aurai plus assez de force pour faire face à toutes mes obligations :

1/ J'ai prévenue la maison Bergdorf de vous envoyer mes mesures de façon à ce que vous prépariez mes robes.

2/ Pour chaque robe longue que je commanderai chez vous, soyez gentil d'envoyer un échantillon de la couleur :

a/ à Mario : la maison Eugenia de Florence pour les chaussures de soirée. Précisez bien si elles doivent être en satin. Envoyez si nécessaire la matière et dites-lui de se dépêcher ;

b/ à Koret : un artisan qui fait des sacs de soirée ou de simples carrés. Envoyez-lui les mêmes matériaux que ceux de la robe. Si vous pouvez faire cela pour moi, vous n'imaginez pas quels maux de tête vous m'épargnez ;

c/ également à Marita : atelier de chapeaux de chez Bergdorf Goodmann's. Là aussi des échantillons. Elle fait mes chapeaux et mes gants. Dites-lui bien à chaque fois quels coloris exacts.

3/ Diana Vreeland va vous téléphoner. Il s'agit des robes qu'elle veut pour son magazine. Si je ne peux pas avoir des essayages, on peut toujours prendre des robes de prêt-à-porter pour les merveilleuses photos de Richard Avedon.

4/ Envoyez-moi, de grâce, les esquisses de la cape ou du manteau qui doivent aller avec la robe blanche pour le gala d'inauguration du 19 janvier. Il faut simplement que cela soit aussi beau et aussi parfait que la robe.

5/ Voyez avec moi avant de couper la robe d'organza orange. C'est la seule dont je ne suis pas contente. Vous vous souvenez que je voulais la couleur rose.

6/ Tout me semble au point pour la soirée. Maintenant branchez votre créativité sur ce qui concerne la grande robe de jour. Manteaux et robes pour les apparitions en public. Ce que je porterai pour le déjeuner et l'après-midi comme si Jack était président de la république française – très princesse de Réthy mais jeune *. Etes-vous sûr que tout va bien, Oleg ? S'il vous plaît, dites-moi oui. Il y a tant de détails essentiels pour une garde-robe que tout le monde va regarder. Je ne peux pas consacrer toute mon existence à cela. Je ne verrai jamais mes enfants ou mon mari, ou je ne serai jamais capable d'effectuer le million de choses que je dois faire. Donc, je compte sur vous pour être ma parfaite habilleuse – chaque gant, chaussure, chapeau et chaque accessoire doivent me parvenir à l'heure. Comme vous êtes à New York, l'organisation sera plus facile. S'il vous faut une secrétaire supplémentaire simplement pour moi, on trouvera un arrangement financier.

7/ La publicité. L'une des raisons qui fait que je suis si contente de travailler avec vous est que je sais que je peux avoir un contrôle sur tout le bruit fait autour de ma garde-robe. Cela ne me dérange pas

* En français dans le texte. La princesse de Réthy était la seconde femme du roi des Belges Léopold III, veuf de la reine Astrid.

que vous parliez des robes que j'ai choisies chez vous – et je suis ravie si cela vous aide – et je suis contente de vous avoir, un gentleman dessinant les robes de la femme du président. Je ne serai jamais collet monté, MAIS vous devez vous rendre compte que mon intérêt pour la mode est bien différent de celui des autres femmes de présidents. Et je refuse que le travail de mon mari soit ruiné par des ragots à propos de mes toilettes, de devenir la Marie-Antoinette ou la Joséphine des années 60. Donc, on y reviendra, mais je ne veux pas que l'on raconte que j'achète trop de choses. Vous pouvez livrer certaines anecdotes à condition de me les soumettre avant. Il y a juste certaines choses qu'on ne leur dira jamais. Mais si tout le monde me trouve superbe pendant les quatre années qui viennent, on saura que c'est grâce à vous.

J'imagine que vous allez vouloir mettre quelques-unes de mes robes dans votre collection, mais je veux que toutes les miennes soient des originaux et je ne veux pas voir de petits pots à tabac avec la même robe. Vous savez mieux que moi comment vous protéger contre les autres couturiers qui font des copies bon marché. Je me moque complètement de ce qui se passe après, dans la mesure où quand je porte une robe pour la première fois, c'est une nouveauté et une exclusivité. C'est pourquoi il ne faut pas trop la décrire à l'avance...

Maintenant, mon pauvre Oleg, il ne me reste plus que quelques détails à vous préciser :

1/ Pardonnez-moi de ne pas vous avoir fait confiance dès le début. Je suis si heureuse maintenant.

2/ Protégez-moi – j'ai l'impression d'être impitoyablement persécutée, et je ne sais pas comment répondre (je viens de lire ce soir qu'on raconte que je teins mes cheveux parce qu'ils sont poivre et sel !

3/ Soyez efficace, livrez-moi en temps voulu et soulagez-moi du souci des petits détails.

4/ Arrangez-vous pour rester dîner chaque fois que vous venez à Washington, avec des anecdotes pour amuser le pauvre Président et sa femme dans cette sinistre Maison-Blanche, et soyez de la plus grande discrétion pour ce qui nous concerne, mais il est vrai que je n'ai pas besoin de vous le dire, car vous avez trop de goût pour qu'il en soit autrement.

5/ J'ai toujours rêvé d'aller en secret chez Givenchy choisir mes toilettes si un jour Jack et moi allions en voyage officiel en France, mais maintenant je sais que je n'aurai pas besoin d'y aller puisque vos modèles sont si beaux. C'est le plus grand compliment que je puisse vous faire en tant que modéliste ! »

La première déclaration d'Oleg Cassini à la presse ? « Nous faisons aussi bien que Paris et Rome. Je vais habiller Madame Kennedy. C'est la fin de l'hégémonie européenne. » Oleg Cassini fait, dans ses *Mémoires*, un portrait nuancé de sa célèbre cliente : « Avec elle, on ne savait jamais sur quel pied danser... Même avec ses meilleurs amis, elle était capable d'être chaleureuse un jour et réfrigérante le lendemain. C'était une femme tout à fait unique, difficile à cerner. Pour moi, Jackie est une figure digne d'intéresser Champollion : un sphinx, et j'ai toujours voulu l'habiller dans l'esprit d'une princesse égyptienne. »

Sur son goût pour la mode, Oleg Cassini explique assez justement qu'« une erreur communément répandue à son sujet était l'idée qu'elle cherchait à lancer la mode. Rien n'est plus faux. Jackie possédait un style éminemment personnel. Elle s'habillait pour elle-même. Elle voulait qu'on la remarque, pas qu'on la copie. Mais il fut évident, dès le début, qu'une femme possédant la beauté exotique de Jackie et son port altier ne pouvait qu'influencer la mode ». La critique de mode Hebe Dorsey remarque que « le style de Jackie changea la mode en vigueur, il contribua à casser un certain puritanisme qui avait toujours existé en Amérique et selon lequel il était impudent de porter des bijoux, d'être coiffée avec fantaisie, de vivre avec grâce et élégance, de porter des vêtements signés, des manteaux de fourrure, des jupes au-dessus du genou. Jackie savait d'instinct ce qu'il fallait faire. Elle était désinvolte mais bien de son temps. Elle avait beaucoup de charme ». « Mais elle était si compliquée parfois », surenchérit Oleg Cassini. « En fait, note le couturier, elle a toujours rendu les Kennedy très perplexes. Certains jours, elle était comme une biche gracieuse et charmante et très souvent elle restait enfermée dans sa chambre à lire, préférant être seule. » Plusieurs témoins affirment qu'elle se justifiait en disant simplement : « J'ai besoin de bouder. »

Elle déteste être surprise ou prise de court, car cela amplifie ses sautes d'humeur. Et de même que certains remarquent combien la vie quotidienne lui pèse, d'autres soulignent comme elle a toujours été une femme organisée, presque maniaque si l'on en juge par les propos d'une ancienne femme de chambre : « Avant même qu'elle soit à la Maison-Blanche, ses penderies étaient extraordinaires. Il y avait des rangées et des rangées de chaussures beiges, et au moins 25 rouges à lèvres dans une coupe. Elle avait un tiroir rempli de gants courts et un tiroir rempli de gants longs, des sachets spéciaux pour les bas... Elle s'était organisée pour vivre d'une façon tout à fait royale. Elle avait un rendez-vous fixe chez le coiffeur toutes les semaines, un autre chez l'esthéticienne, un autre chez un masseur, etc. »

En tant que Première Dame des Etats-Unis, elle

n'a jamais été photographiée deux fois dans la même tenue. Plusieurs gaffes médiatiques autour de l'arrivée de Jacqueline à la Maison-Blanche révèlent pourtant une totale improvisation. Ainsi, la nouvelle First Lady dévoile au *Washington Daily News* qu'elle a l'intention d'organiser des expositions d'œuvres d'artistes contemporains américains dans l'enceinte de la Maison-Blanche. On demande alors à Tish Baldrige, la nouvelle secrétaire de Jackie, comment cela peut être réalisé : que vont devenir les tableaux historiques déjà en place ? « Je suis sûre qu'on pourra arranger cela, réplique la collaboratrice zélée, même si l'on doit accrocher par-dessus d'autres tableaux... » La presse prend plaisir à rapporter l'anecdote selon laquelle Jackie, désireuse de se rendre compte si une couche de peinture recouvrait les boiseries dans la salle à manger de la Maison-Blanche, aurait dit : « Je prendrai mon petit canif le premier jour pour voir de quoi ça a l'air. » Les médias se déchaînent bientôt en demandant pourquoi Mrs Kennedy n'a pas été invitée par Mamie Eisenhower pour jeter un regard sur sa future maison. Jackie fait alors savoir qu'« aucune invitation n'a été faite à ce jour, mais nous espérons qu'elle le sera bientôt ». Gros titres des journaux le lendemain : « Jackie n'est pas vexée d'une absence d'invitation. » Et fureur de John !

Mme Eisenhower se décide enfin à la convier le 9 décembre, afin que la nouvelle First Lady puisse examiner la grande demeure qu'elle se propose de transformer en un musée privilégié de l'art et du style américain. Dans le dédale des couloirs, des vestibules et des escaliers à double révolution, Jacqueline éprouve un peu de découragement. Elle demeure impassible devant les présidents défunts qui la dévisagent du haut de leurs portraits, de leurs médaillons et de leurs inébranlables statues ; elle mesure tout le travail qui l'attend. Le drame de cette maison historique, incendiée, restaurée, pillée, agrandie et redécorée, c'est que chaque président a vendu les meubles en respectant les intouchables vieilleries. Les archives le prouvent : à peine installées, les First Ladies mettent un point d'honneur à bouleverser la décoration créée par la devancière. Aucune ne s'est privée de ce plaisir. Le rapport dicté par Jacqueline à sa secrétaire au retour de sa première visite dans l'illustre demeure retient que « dans la salle à manger d'Etat, le seul objet destiné à contenir des fleurs ou des plantes vertes est une minable jardinière de lourde porcelaine blanche contenant trois rameaux de lierre anémique, le tout posé sur la grande cheminée de marbre ».

Kitty Kelley prétend que le soir même de cette visite, Jacqueline s'épanche sur l'épaule de son mari en sanglotant : « Oh ! Mon Dieu. C'est la plus horrible maison du monde. Si froide et sinistre. Je n'ai jamais rien vu de pareil. J'ai l'impression qu'elle a été meublée au rabais. Je ne peux me faire à l'idée d'y emménager. Je la déteste, la déteste ! » Une fois de plus, perplexe devant la réaction quasi hystérique de sa femme, Kennedy lui décrit sous un meilleur jour le monde où ils se préparent à entrer. Deux yachts, trois avions, quatre hélicoptères, dix-huit automobiles n'attendent-ils pas en permanence leur besoin ou leur caprice ? Un appartement et une salle d'opération sont constamment ouverts pour eux à l'hôpital Walter Red. Un abri anti-atomique équipé d'une centrale électrique indépendante, alimenté en eau par des puits artésiens et approvisionné en vivres pour six mois, est même à leur disposition. Soixante-douze domestiques en pied sont à leur service et l'ensemble des avantages matériels attachés à la fonction présidentielle représente au bas mot 5 millions de dollars, soit un revenu net qu'aucun citoyen de leur pays ne peut atteindre sous le régime fiscal en vigueur...

Enfin, le 20 janvier 1961, à 12 h 15, John F. Kennedy prête serment devant le Juge suprême. La bonne humeur est générale. En dehors d'un léger retard, rien ne trouble l'ordonnance de la journée. La tempête a fait trêve et le soleil fait étinceler la neige sur les pelouses du Capitole. Jacqueline porte un manteau beige au col de fourrure brune, un petit chapeau tambourin et protège ses mains du froid dans un manchon de vison. Contrairement aux autres présidents, Kennedy n'embrasse pas sa femme après la cérémonie de prestation du serment.

Dans la rotonde du Capitole, la nouvelle maîtresse de maison exprime alors son affection envers son président d'époux. « J'étais si fière de lui, a-t-elle raconté. Il y avait tellement de choses que je voulais lui dire. Mais je ne pouvais pas l'embrasser devant tous ces gens et je me rappelle que je lui ai caressé la joue de la main en lui disant : "Tu as été merveilleux !" Il a alors souri d'une manière extrêmement touchante. Il était si heureux. »

Sur les cinq bals où 25 000 invités s'écrasent, Jacqueline n'assiste qu'aux trois premiers, prétendant être encore affaiblie par la naissance récente de John-John ; mais son élégance (fourreau de mousseline et ondulante cape longue de soie blanche) inspire de plus en plus les toilettes féminines. Ce qui emplit d'allégresse couturiers et fourreurs new-yorkais. Telle Cendrillon, à minuit, elle s'éclipse, épuisée, pour laisser la vedette à son prince.

Pour les deux dernières soirées, John profite de la réception donnée par Frank Sinatra pour avoir une entrevue éclair avec la blonde Angie Dickinson. Car son entrée à la Maison-Blanche n'atténue pas le besoin de conquêtes féminines du nouveau président. Angie Dickinson vient s'ajouter à la longue liste de ses maîtresses. Dans une interview à TV Guide, l'actrice admet qu'elle a toujours trouvé « les hommes de pouvoir séduisants ». Elle parle ouvertement de sa relation avec John Kennedy : « A la minute où je l'ai rencontré, j'ai eu un coup de cœur, comme tout le monde. C'est l'homme politique le plus sexy que j'aie jamais rencontré... C'était un tombeur au physique dévastateur, un homme charmant – le genre d'homme que votre mère n'aimerait pas vous voir épouser. C'est le seul candidat présidentiel qui m'ait jamais excitée, raconte-t-elle. Evidemment, on a dit, on a écrit que nous étions amants. Et même si j'affirmais le contraire aujourd'hui, personne ne me croirait. Il était merveilleux. C'est tout ce que je peux dire. Ce serait faire preuve d'incorrection que d'en dire davantage. »

Même si une conspiration du silence existe alors parmi le personnel pour protéger Kennedy et empêcher Jackie de percer à jour la vie secrète de son époux, la nouvelle First Lady sait déjà que les femmes sont la faille fatale dans le destin de John et qu'il est incapable de leur résister. Et l'attrait du pouvoir va constituer un piment supplémentaire à son sex-appeal.

V

FIRST LADY

« MAISON-BLANCHE. » Cette appellation n'est apparue officiellement qu'en 1901, sous la présidence de Theodore Roosevelt. Auparavant, on parlait de la *Maison du Président*. Le terme de « First Lady » (la Première Dame) est postérieur. C'est sous le gouvernement de Hoover qu'on le voit apparaître pour la première fois. Ce n'est pas un titre protocolaire, simplement une trouvaille de la presse de l'époque et de l'opinion publique.

D'emblée, Jackie joua les trouble-fête : « Il y a une chose que je ne veux pas, c'est être appelée *First Lady* ; c'est un nom pour cheval de course. Peut-on demander aux standardistes et à tout le monde de dire "Mrs Kennedy" et pas "la Première Dame" en parlant de moi ? » Elle est malheureuse dans son nouvel environnement. « Je me sens comme une mouche se cognant aux vitres. Ici, c'est aussi banal qu'un grand hôtel et aussi froid qu'un bureau. » Elle déclare à un chauffeur de la famille qu'elle éprouve « l'impression d'être enfermée dans un bocal à poissons rouges, avec tous les poissons à l'extérieur ». « Jackie portait tellement de masques, qu'elle était impossible à déchiffrer, rapporte Charlotte Curtis. Une fois First Lady, elle devint encore plus évasive, plus secrète, plus théâtrale. Sans doute se sentait-elle plus vulnérable. Elle était en tout cas une cible permanente pour la presse, une cible bien plus grosse que lorsqu'elle était femme de sénateur. »

Il est vrai qu'à Washington les envoyés spéciaux des magazines féminins accrédités observent minutieusement ses moindres faits et gestes. Ils sont installés en permanence dans les locaux du palais réservés à la presse, écoutent les moindres bruits de robinetterie, surveillent les allées et venues de chacun et n'ignorent rien de ce qu'on a pris au petit déjeuner, là-haut, à l'étage privé. On ne peut pas déplacer une potiche à la Maison-Blanche sans que la nouvelle n'en éclate deux heures après dans les premières pages de certains journaux... Dans l'ombre, sous les projecteurs, la First Lady est toujours là !

Pour la trop sauvage Jackie, soucieuse de ne pas étaler sa vie privée, Washington est une prison dorée. Une situation que le chargé de presse du président, Pierre Salinger, a évoquée avec brio : « Imaginez que vous habitiez une maison ancienne, mais aussi bien installée, au centre d'une grande ville. Elle compte trois étages, mais pendant la moitié de la journée au moins, vous ne pouvez utiliser deux de ces étages parce qu'ils sont pleins de touristes qui examinent avidement vos meubles et jettent par terre toutes sortes de détritus. Il vous faut beaucoup y recevoir. En fait, dans le courant d'une année, il peut arriver que vous donniez jusqu'à dix grandes réceptions de 2 000 invités, et d'innombrables "intimes" de 150.

Votre employeur prend à son compte la plus grosse partie de la note pour ces dépenses, mais si vous tenez à bien faire les choses, il vous faut aussi en mettre pas mal de votre poche. La maison est entourée d'un grand parc, encerclé de hautes grilles infranchissables. L'accès est en outre surveillé par des gardiens aux portes, et quiconque entre ou sort de chez vous doit décliner son identité. Si vous voulez profiter de ce vaste parc pour aller prendre l'air, vous découvrez des gens littéralement par centaines, accrochés aux grilles, qui vous regardent.

Il existe, à l'arrière, une jolie cour de récréation pour vos deux enfants, mais chaque fois qu'ils vont y jouer, il y a des inconnus armés d'appareils photographiques à téléobjectif qui essayent au travers des grilles de prendre un cliché de leurs ébats. Si vous voulez sortir de chez vous pour aller rendre visite à quelqu'un, tout un groupe de quidams vous accompagne... »

Les photographes immortalisent aussitôt le mobilier que les Kennedy installent dans les premiers jours : le cheval à bascule de Caroline, le rocking-chair du président et le berceau enrubanné de rose du nouveau-né. Tout comme sa sœur Caroline qui court allégrement vers ses quatre ans, ce baby, dès son arrivée, pose un problème. Comment, dans cette demeure bâtie pour l'histoire, accueillir des enfants qu'on ne peut contraindre à jouer dans une cathédrale ? L'installation de la nursery est la première tâche de Jackie. Avec des couleurs vives et des personnages issus de la féerie Walt Disney, toute proche des pelouses, la nursery est sa première réussite. Elle fait aussi planter des grands buissons de rhododendrons dans les jardins afin de protéger des regards indiscrets l'aire de jeux de Caroline.

Reste maintenant l'ensemble : la redécoration de la

demeure. Or, pour Jackie, la Maison-Blanche appartenant à la nation, il faut qu'elle soit un musée de l'histoire américaine. Et en même temps donner un certain confort. « Dans la chambre, les écrans des fenêtres que l'on tirait la nuit étaient énormes. Ils étaient retenus par des cordes et des poulies. Pour nous coucher, nous étions comme des marins manœuvrant des voiles... »

La tâche est rude : lambris dédorés, tapisseries aux tons mourants, lustres menaçants, portraits se rongeant d'ennui. La nouvelle présidente crée tout d'abord deux comités : le « Comité des Beaux-Arts pour la Maison-Blanche » et l'« Association historique de la Maison-Blanche », une manière de grouper experts, historiens et mécènes. Puis, on fait voter par le Congrès une loi conférant à la Maison-Blanche le statut de musée d'Etat (résultat : la valeur de tous les dons est déduite des impôts). La Chambre américaine, très compréhensive, alloue aux Kennedy 50 000 dollars pour refaire les appartements privés de la résidence, plus de 25 000 dollars pour nettoyer et peindre l'extérieur de la propriété. C'est alors que commence pour Jackie le grand travail.

Perfectionniste, autoritaire, elle entreprend de fouiller toutes les pièces, des greniers aux caves. Elle découvre ainsi une foule de meubles et d'objets accumulés dans les murs de la bâtisse depuis près d'un siècle. Des tapis d'Aubusson sont remontés du sous-sol, on trouve des bustes de marbre dans des toilettes... dans l'immense bric-à-brac que trente-quatre présidents ont accumulé. Elle retrouve des objets d'une valeur inestimable. Avec l'aide de ses deux comités, tout est inventorié, expertisé, récupéré. Aidée de plusieurs décorateurs et antiquaires new-yorkais, Jackie part à la recherche de meubles et d'objets ayant appartenu à des présidents célèbres. Des experts surveillent toutes les ventes aux enchères ; les propriétaires des mobiliers et tableaux sont repérés, puis contactés.

Selon l'un des décorateurs associés aux initiatives de Jackie, « quand les Eisenhower étaient ici, ils aimaient le moderne, les objets nets, les couleurs brillantes... Mais Mrs Kennedy n'aimait pas le neuf, elle souhaitait que tout donnât l'impression d'avoir servi... d'avoir accompagné des vies humaines. Si jamais elle achetait un meuble neuf, il nous fallait le patiner, le vieillir pour qu'il eût l'air d'avoir été utilisé. La peinture, sur les murs, devait être étendue en lourdes couches, comme si elle était ancienne. Dans la salle à manger d'apparat, elle voulait simuler, sur les panneaux de bois, des craquelures comme il y en a dans les vieux châteaux en France. Après les avoir peints, nous devions y faire des marques au crayon, à cet effet ».

Il n'y a pas eu un recoin de la Maison-Blanche qui n'ait été modifié. Toutes les pièces sont garnies de compositions florales, des feux sont allumés dans les cheminées. Elles bénéficient d'un programme quotidien de nettoyage digne de Buckingham Palace : 18 chambres à contrôler, 20 salles de bains à nettoyer, 147 fenêtres à maintenir propres, 29 feux prêts à être allumés, 412 boutons de porte à astiquer, environ 900 m^2 de marbre à polir, des kilomètres de moquette rouge à aspirer et une cinquantaine de pièces à dépoussiérer chaque jour...

En un an, Jackie fait autant de changements que toutes les autres présidentes en cent quarante-trois ans. Ayant travaillé fébrilement à cette rénovation de la Maison-Blanche (en fait, son seul grand projet), elle ne cesse de se justifier devant ceux qui trouvent le coût des dépenses trop élevé : « Cette demeure doit être le reflet du patrimoine artistique de notre pays. C'est passionnant de restaurer une demeure et de faire revivre le passé. Quand je suis arrivée, j'ai été tellement surprise de ne rien retrouver d'authentique. Je m'en serais voulue de vivre quatre ans ici et de ne rien faire pour embellir cette maison. »

C'est donc très fière de son travail qu'elle accepte, en février 1962, de payer de sa personne, pour présenter à la télévision CBS « sa » nouvelle Maison-Blanche. Devant 46 millions d'Américains, elle fait le tour des pièces, décrit les différents meubles, mentionne les noms des donateurs privés. L'émission est un triomphe, même si dans *Esquire* Norman Mailer se montre féroce à son égard. Il commente l'émission : « On ne pouvait pas ne pas ressentir de la compassion. Parce que, malgré le caractère bébête, imprudent, sans but, vide, morne et obséquieux de ce spectacle... elle fournissait un tel effort, elle voulait plaire, elle s'était donné à sa tâche... Dans ses yeux, ce regard blanc... Je l'aimais, je l'aimais encore, mais elle était fausse – et c'est la chose la plus cruelle qu'on puisse dire –, elle était archifausse. Conclusion : "L'Amérique ne sera pas sauvée par Madison Avenue." Et Jackie Kennedy, devenue Madame la Présidente, est maintenant un pur produit de Madison Avenue, parfaitement présenté, merveilleusement empaqueté, et plus rien que cela. »

On sait que Jackie, piquée au vif par cet article de Norman Mailer, décide de préserver encore plus sa vie privée et de fuir la presse d'autant que Mailer, invité en 1959 à Hyannis Port, a écrit quelques lignes plutôt flatteuses sur sa manière de servir le thé au bord de la piscine dans la résidence d'été des Kennedy : « Elle ne restait pas là comme une star de cinéma, une olive mûre à l'orbite de chaque œil en guise de cerveau, mais répondait aux propos des autres, en tenait compte, riait souvent... subtile et précise... une sorcière attirante au bord de l'eau... »

L'idylle est donc bien finie avec le golden-boy du « Village Voice ». Ses rapports avec deux autres figures marquantes de l'intelligentsia américaine des années 60 se teintent eux aussi de désillusions. Truman Capote rédige les pires horreurs sur elle. Quant à son presque demi-frère, Gore Vidal, il se veut désormais neutre : « Elle est victime de l'inconstance du public ; ne méritant pas l'amour des foules, elle ne mérite pas davantage qu'ils ne l'aiment point. »

Nombre d'intellectuels, de Norman Mailer à Pablo Neruda en passant par Malraux, Elia Kazan, Tennessee Williams ou Robert Frost, sont ses invités pour des dîners et des soirées à la Maison-Blanche. Son souci des détails dans les préparations de ces dîners d'apparat est extrême. Les Kennedy donnent une vingtaine de grandes réceptions par an. Des bouquets de fleurs semblables à des natures mortes de peintres flamands proviennent des serres de la Maison-Blanche. Les tables resplendissent de services en vermeil. Plus d'un mois à l'avance, Mrs Kennedy établit avec le chef d'origine française, René Verdon, les menus, dresse la liste des vins servis dans des verres en cristal de Virginie, fait un plan de la décoration florale, un croquis des places à table, un programme pour l'orchestre selon les goûts de l'invité d'honneur.

Soixante-treize leaders étrangers sont reçus pendant les deux premières années. Habituellement, des divertissements culturels font suite au repas. La grande-duchesse Charlotte de Luxembourg a droit à Shakespeare, le roi du Maroc à un digest de la comédie musicale *Brigadoon*, le président du Puerto Rico à un concert du violoncelliste Pablo Casals. La mezzo-soprano noire Grace Bumbry et de nombreux chanteurs d'opéra sont régulièrement conviés à se produire à l'issue de grandes réceptions. Mais le président préfère organiser des petits dîners de huit ou de douze convives ; l'imagination finit par entourer ces soirées des reflets de la légende. Les invités, en smoking et robe du soir, ne sont plus de quelconques Américains du prosaïque XXe siècle ; ils deviennent des symboles, comme si revivait la Cour du roi Arthur, comme si Camelot mystérieusement restauré était réincarné dans la Maison-Blanche.

Jackie se laisse prendre par ce tourbillon incessant. « Jean-Louis » de Georgetown vient trois fois par semaine lui faire son shampooing et lui donner un coup de peigne. Kenneth, son « Figaro », ne se dérange que pour la coiffer avant les dîners officiels. Oleg Cassini lui crée 100 robes la première année (près de 300 pendant les 34 mois de sa vie à la Maison-Blanche). Trois modèles aux mesures de la présidente l'aident dans sa tâche. Le couturier se souvient : « Elle adorait les couleurs brillantes – le pistache, le rose, le jaune et le blanc. » Portée sur la liste officielle des femmes les plus élégantes du monde, Jackie fait merveille. Elle confère un réel prestige à l'Amérique.

Pourtant, dans un premier temps, son mari se montre agacé. Il se plaint que les toilettes, le chef français et les travaux de redécoration soient ruineux. La publicité sur le chic et les extravagances de sa femme est la dernière chose qu'il souhaite. Il la supplie de faire des économies. Elle, qui considère son époux comme pingre, promet de s'y contraindre. Mais, à la fin de la seconde année, ses dépenses personnelles s'élèvent à près de 122 000 dollars. « C'est exténuant de se sentir tiraillée dans tous les sens à la fois, avoue-t-elle alors. C'est pourquoi j'ai tant de mal. C'est toujours difficile avec une nouvelle maison. Tout et tout le monde est nouveau. »

Partagée entre le désir de tenir son rang et celui de vivre à sa guise, elle tente de trouver un juste équilibre. Son ami Robin Douglas-Home, qui est aussi celui de la princesse Margaret, a décrit ses états d'âme : « A un moment, on la sentait incomprise, frustrée et malheureuse, et peu après, sans transition, elle était la Première Dame royale devant qui il convenait de se courber, et presque de se soumettre. » En fait, avide d'indépendance, elle souffre de voir que toute son existence est réglée par un calendrier et un protocole. Le personnage public qu'elle est devenue supporte mal sa cage dorée, même si elle apprécie qu'on l'admire et qu'on loue sa réussite. « Au début, il a vraiment fallu qu'elle s'adapte, témoigne l'une de ses belles-sœurs. Je crois que, lors de leur voyage en Europe, le fait qu'elle ait finalement soulevé l'enthousiasme bien plus que le président lui-même a créé une surprise. Je pense que c'est à partir de ce moment-là qu'elle a véritablement commencé à apprécier la vie qu'elle menait. Jusque-là, elle n'était que sa femme, ce qui ne représentait pas grand-chose pour elle ; elle s'est rendu compte qu'elle exerçait une grande influence. »

Dans ce rôle de leader de la mode féminine que la haute couture, la presse et le public lui imposent (elle prétend toutefois espérer qu'on se souvienne d'elle pour d'autres motifs que ses robes), Jacqueline accompagne son mari à Paris, au printemps 1961, pour une visite officielle. A Orly, De Gaulle, gigantesque et intimidant, les attend. Rose Kennedy est venue également, pour examiner sa belle-fille de la tête aux pieds d'un œil critique, avant d'assener :

« Vous êtes très bien, ma chère. » Pour Jacqueline, en contact permanent avec la culture française, ce déplacement est important. Le cortège se rend au Quai d'Orsay devant une foule nombreuse venue jeter un coup d'œil sur une présidente d'ascendance française.

A l'Elysée, deux mille invités se bousculent pour l'apercevoir, dans le salon Cléopâtre. Il faut dire que « la petite Bouvier », en fourreau de guipure blanc et rose, semble sortie d'Hollywood aux yeux de la presse française. « C'est Marilyn en brune », prétend Jacques Chaban-Delmas, qui fait très jeune premier. Il faut attendre plus d'une heure pour pouvoir approcher quelques secondes Mrs Kennedy et Yvonne de Gaulle. Le lendemain, cette dernière l'emmène visiter l'école de puériculture du boulevard Brune et Malraux devient son guide au Jeu de Paume, à la Malmaison et à Versailles. Le surlendemain, une parole de Kennedy lui vaut un succès triomphal. Se présentant au début de sa conférence de presse, il dit : « Je suis l'homme qui accompagne Jackie Kennedy à Paris et j'en suis ravi. » La population parisienne frémit d'enthousiasme au spectacle de ce jeune couple si séduisant et la soirée d'adieu donne lieu à un grand bal organisé en l'honneur de Jackie dans la galerie des Glaces de Versailles. Tout se termine en apothéose par un feu d'artifice. Jackie, coiffée par Alexandre, a revêtu pour l'occasion un fourreau de soie blanche de Givenchy. La France est subjuguée et Kennedy, tout comme l'Amérique, fasciné par le succès personnel de son épouse.

L'étape suivante à Vienne, avec Khrouchtchev, est aussi triomphale. Dès l'arrivée de l'avion présidentiel badigeonné de rouge (surnommé le « Lipstick Jet » : bâton de rouge à lèvres à réaction), la plus célèbre fanfare militaire viennoise exécute les hymnes nationaux sous les flashes des photographes. La robe de Jackie pendant la soirée de gala à Schönbrunn l'allonge démesurément. Perchée sur des talons très hauts, sa silhouette, jusqu'à la dernière mèche de ses cheveux bouffants, approche les 1 m 80. Si Khrouchtchev (1 m 62) n'en prend pas ombrage, son épouse Nina ne peut réprimer une moue d'agacement, d'autant que le protocole veut que le couple Kennedy ait la préséance sur les Khrouchtchev (l'Américain étant président de la République, le Russe seulement chef de gouvernement).

En décembre 1961, lors du premier voyage des Kennedy en Amérique latine (Porto Rico, Venezuela et Colombie), le triomphe est toujours du côté de Jackie. A Caracas, 300 000 personnes les acclament. Les Vénézuéliens crient : « Viva Miss América » et des pancartes s'amusent à copier le slogan de Fidel Castro (« Cuba si, Yankee no ») : « Jackie si, Kennedy no. »

Conquérante du vieux et du nouveau monde, c'est sans son mari qu'elle part en Inde et au Pakistan au printemps 1962. Elle est accueillie à New Delhi en véritable présidente. Accompagnée d'une quarantaine de personnes, dont sa sœur, ce voyage de quinze jours, privé à l'origine, devient très officiel. Escortée du pandit Nehru et de sa fille Indira, Jackie traverse New Delhi en voiture découverte, sous les acclamations de la foule. Son passage crée des embouteillages monstres. Son sourire ne s'efface jamais : « J'attendais ce voyage avec tant d'impatience, explique-t-elle. J'en aurais subi bien davantage », faisant allusion à la série de piqûres et de vaccins inoculés avant le départ : choléra, typhus, fièvre jaune, tétanos, typhoïde, diphtérie, etc. Pour ne pas être prise au dépourvu et ne pas trahir sa réputation d'élégance, un nombre impressionnant de malles bourrées de vêtements d'été et de printemps précèdent son arrivée. Jackie souhaite changer de toilette cinq fois par jour. Benjamin Bradler, alors rédacteur à *Newsweek*, se souvient de l'attitude en public de Mme Kennedy, toujours sur la défensive, distante malgré son sourire : « Je regardais Jackie, et le malaise presque physique qu'elle montrait, tandis qu'elle marchait lentement dans cette salle pleine de gens qui la regardaient, qui ne lui parlaient pas, mais simplement la regardaient. Sa réaction, qui devait me devenir si familière plus tard, consistait juste à tirer quelque rideau invisible devant son visage, et à se couper spirituellement de l'environnement. Elle est physiquement présente, mais intellectuellement lointaine. »

Kennedy ne peut qu'être conscient que, dans toute l'histoire des présidences successives aux Etats-Unis, aucune Première Dame ne reçoit autant l'attention que sa femme. Son couple inaugure un nouveau style en politique, qui comble l'imagination des gens aux Etats-Unis. Ragaillardie par ses succès à l'étranger, galvanisée par la perspective de donner une touche française à la Maison-Blanche, Jackie repart de plus belle dans son tourbillon. Lors des dîners officiels, elle a remarqué que les lumières crues des lustres creusent des ombres sur le visage des femmes. Elle fait disposer des chandeliers dont les flammes diffusent une lueur pastel. De nouveaux tableaux sont accrochés dans les appartements privés (dont deux Cézanne et un dessin de Fragonard). Elle utilise aussi les cadeaux offerts par les chefs d'Etat étrangers. Elle a sans doute été la Première Dame des Etats-Unis la plus gâtée de l'histoire (notamment en tapis, pour donner davantage de chic à sa décoration).

Après plus de quinze mois à la Maison-Blanche, elle commence finalement à endosser son rôle et à y prendre parfois un certain plaisir. Infatigable rédactrice de notes, toujours écrites de sa main, généralement sur de longues feuilles de papier jaune (« Parfois ça me rend folle, avoue-t-elle, il faut que je me mette à dicter »), elle consacre une partie de ses après-midi à lire les mémorandums des divers membres de son personnel. Ceux-ci lui demandent son avis ou son approbation sur tel ou tel sujet. Ann Lyncoln, l'intendante, Mme Gallagher, chargée des comptes ou Tish Baldrige, la secrétaire personnelle, obtempèrent dès que les directives de Jackie sont données. Malheureusement, Jackie est si lunatique, si prompte à juger son personnel merveilleux un jour et exécrable le lendemain, que l'ambiance de travail en souffre. Le très pro-Kennedy Pierre Salinger, attaché de presse, reconnaît d'ailleurs « quelques prises de bec ». (« Je garde précieusement la collection de notes qu'elle m'adressait pour me demander avec colère pourquoi tel article ou telle photographie avait paru dans la presse. »)

Elle n'en continue pas moins de mépriser sa fonction ; ainsi remarque-t-elle en privé : « Pourquoi diable irais-je traîner dans les hôpitaux, à jouer les dames de charité, alors que j'ai tant à faire ici pour rendre la maison parfaite ? » Elle ne se sent aucune prédisposition pour l'inauguration des chrysanthèmes et pour « ces stupides réunions où les femmes de sénateurs échangent leurs recettes de cuisine ». Ainsi, pendant l'hiver 1961, l'exquise Jackie invoque-t-elle son état de santé pour « couper », au dernier moment, à la réception annuelle des femmes de sénateurs et de congressmen. Alors que neuf cent trente-cinq dames en chapeaux fleuris l'attendent, le président lui-même vient les saluer : « Pauvre Jackie, elle est si lasse... » Le lendemain, en ouvrant leurs journaux, elles apprennent qu'à l'heure de la réception, Mme Kennedy faisait la tournée des magasins. « Elle n'était lasse, remarquent ces dames de Washington, que pour passer un quart d'heure avec nous. »

VI

GROS PLAN

DANS une lettre inédite qu'il lui adresse au début de l'année 1963, pour la remercier de sa présence à la Première d'une de ses pièces aux Etats-Unis, Jean Cocteau se montre expansif : « Vous avez dit un jour : "J'aimerais laisser mieux que le souvenir de mes robes." Il me semble que vous n'avez rien à craindre, car, lorsque la beauté, la grâce, l'élégance, l'intelligence, le pouvoir et l'amour des belles œuvres forment un mélange presque impossible en une seule personne, la rareté d'un tel privilège rayonne avec une force qui dépasse de beaucoup les feux superficiels de l'actualité. Si les femmes soignent leur ligne, nombre d'hommes négligent la leur et je parle de cette ligne invisible qui exige une grande rigueur morale. Or, vous donnez l'exemple unique d'une femme qui, non seulement, règne par sa ligne extérieure mais aussi par cette ligne interne sans laquelle la beauté ne s'enracine pas dans une époque. Vous avez, Madame, émerveillé le vieux et le nouveau monde, par le soin que vous apportez à ce que les deux lignes se confondent. »

Dans des entretiens avec Laurence Grobil, Truman Capote se montre moins poétique : « C'est l'insincérité même. C'est une personne qui, fondamentalement, n'a que mépris à peu près pour tout en ce bas monde. Une opportuniste. Je dirais qu'elle n'a jamais été heureuse parce qu'elle a connu, dans son enfance, une très grande déception qu'elle s'est toujours efforcée de compenser ensuite. Mais c'est un être très opportuniste, insincère, vain et assez méchant. »

Theodor Sorensen fait un tableau très positif du caractère de la First Lady : « Jacqueline ne se mêlait pas du travail de son mari. Elle se contentait sagement de le laisser diriger les affaires du pays, se réservant de mener à bien celles de leur vie de famille. Elle n'apportait pas seulement au président une diversion bienvenue qui lui faisait oublier ses obligations officielles mais aussi un point de vue neuf. Elle avait un esprit caustique et si, d'aventure, son mari s'avisait de se gonfler de son importance, Jacqueline avait vite fait de le démonter. Elle ne se laissait pas influencer par les fortes têtes du clan Kennedy. Elle avait ses goûts personnels et tenait à les conserver. Les louanges comme les échecs la trouvaient égale à elle-même. Envers et contre tout la femme du président tenait à demeurer Jacqueline Kennedy. En affirmant sa personnalité, vivante et attachante, elle n'ennuyait jamais le président. Comme le dit un jour l'Attorney général : "Jack sait bien qu'elle ne l'accueillera jamais avec un : Quoi de neuf au Laos ?" En outre, en restant elle-même, par son goût pour le ski nautique, la chasse au renard et les antiquités, par son refus de s'habiller plus simplement à l'occasion de réunions politiques ou de visites dans les pays pauvres, par son goût de la beauté et de la qualité qu'elle étendait aux dîners de la Maison-Blanche, elle devint le symbole de la culture et du bon goût américain. Elle était la preuve vivante que, dans le monde moderne, le sexe faible peut s'affirmer en conservant tout simplement sa féminité. »

Le peintre Aaron Shikler, qui fait son portrait pour la Maison-Blanche, la peint comme une biche de Marie Laurencin. Son pinceau gomme toutes traces d'angoisse et projette une vision élégante où les tons roses et mauves suggèrent son caractère insaisissable : « Je l'aurais aimé encore plus estompé dans les ombres, moins précis, plus impressionniste. » Le peintre Mac Avoy, qui lui donne des cours de dessin et la fait aussi poser, est séduit par le modèle. Il a noté dans son *Journal* : « Son sourire est d'un charme extraordinaire. Les cheveux tombent, n'importe comment, le nez est court, rond et les pommettes très larges. J'aime ce visage ouvert, offert, semble-t-il, à une vie qui lui fait mal. Je m'assois à ses côtés. Elle est attentive, tendue vers mes explications. Elle prend des notes. Elle interroge, elle veut comprendre. Cette femme n'est pas futile. Ses premiers traits sont sentis, intelligents. »

Pierre Salinger souligne ses contrastes : « Elle était farouchement indépendante, mais, en même temps, réservée et consciente de ses devoirs. Elle éprouvait une répugnance visible pour le métier de la politique en même temps qu'une admiration manifeste pour quiconque le pratiquait avec brio et intelligence. Elle pouvait paraître détachée du monde frénétique du XXe siècle tout en témoignant d'une compréhension aiguë de ses problèmes. Elle aurait fait tout au monde plutôt que de heurter la sensibilité d'autrui. »

L'écrivain américain Norman Podhoretz souligne d'ailleurs les qualités d'écoute et d'attention de Jackie envers les autres, mais il se montre moins charmé : « On dirait une petite fille très éveillée et brillante. Elle sait remarquablement écouter, sans doute mieux que quiconque. Le regard concentré, elle pose des questions judicieuses. Elle veut apprendre mais elle se comporte comme une petite fille riche. Si elle n'avait jamais épousé Kennedy, elle serait un peu comme ma sœur. Elle est extraordinairement snob. Elle arrive assez bien à le cacher, mais cela transparaît néanmoins. Elle est très à l'aise avec les gens qui appartiennent à son milieu et comme beaucoup de filles de son rang, elle éprouve spontanément une répulsion pour les choses et les gens qui sont différents d'elle. »

Son ami Robin Douglas-Home, pourtant issu de la High Society londonienne, a avoué un jour qu'il lui avait fallu longtemps avant de se sentir à l'aise avec elle, « sans cette crainte qui me prenait à la gorge lors de nos premiers entretiens, car je redoutais que son esprit caustique brusquement ne se retourne contre moi ; j'avais peur qu'elle ne fasse de moi l'objet de cette raillerie impitoyable qu'elle pouvait appliquer aux autres, aux usages, au protocole et aux institutions. Après tout, cette fascination qu'elle exerçait était peut-être due à la crainte qu'elle suscitait chez moi ».

Hélène de Turckheim, qui l'interviewe en 1961 pour *Le Figaro*, note déjà les hauts et les bas du personnage : « La jambe sportive, les yeux très écartés sous la petite frange concoctée spécialement pour Paris par Alexandre, et surtout les fameux "pill-boxes" ou "boîtes à camembert" comme les Parisiens baptisèrent immédiatement ses drôles de petits chapeaux. Parlant avec autant d'aisance, et visiblement de connaissance, de peinture impressionniste que de mode, de Givenchy, son couturier préféré (bien qu'elle s'habillât officiellement chez l'Américain Cassini), de châteaux de la Loire (qu'elle avait visités du temps où elle était étudiante en France), que Château-Margaux (apparemment son breuvage préféré), éducation bébés avec Mme de Gaulle, que littérature française avec André Malraux ; drôle, fine mouche, rieuse et sachant d'une boutade au rasoir river leur clou à des journalistes trop indiscrets. Bref, l'image parfaite et très professionnelle de la jeune femme d'un jeune président de choc. Jugez de mon étonnement lorsque quelques mois plus tard, faisant un grand reportage sur les femmes d'Amérique, je rencontrais un personnage glacé, parlant à voix à peine audible, qui, après avoir accordé une entrevue à la Maison-Blanche, se récusait après deux heures d'attente en prétextant... un vague mal de tête ! »

On ne s'est pas privé de railler quelques-uns des travers de la Première Dame des Etats-Unis. A commencer par sa voix, si ridiculement infantile. Maria Callas l'a malicieusement décrite comme celle d'une « Marilyn Monroe jouant Ophélie ». On a souligné ses ongles rongés, révélateurs d'angoisse. Certes, elle sait pour les soirées officielles mettre des faux ongles, mais elle déteste qu'on porte avec insistance les yeux sur ses mains. Elle est même allée jusqu'à demander le départ d'un domestique qui l'exaspérait par ses regards appuyés. Elle ne met jamais de vernis de crainte d'attirer l'attention sur ses mains.

Tout aussi excessives sont ses exigences pour son confort nocturne, surtout en voyage. Jackie ne veut fouler que son propre tapis de bain ; ses oreillers doivent être obligatoirement de plumes, rectangulaires, mais non carrés, les couvertures être de mohair. Naturellement, l'air conditionné est obligatoire et l'insonorisation doit être parfaite. D'ailleurs, lorsqu'elle se rend en Angleterre, chez sa sœur Lee, ou bien quand elle accepte de passer quelques jours chez des amis, elle arrive toujours avec des valises pleines de draps, d'oreillers et de tout ce qui lui permet de passer d'agréables nuits. Son sommeil est plus important que tout. Ses habitudes surprennent quelque peu le personnel de la Maison-Blanche : « Toutes ses affaires doivent être régulièrement repassées une fois par semaine, y compris ses bas. Tout ce qu'elle touche doit être aussitôt remis en place. Tous les jours, les draps très fins de son lit doivent être changés. Si elle fait la sieste, il faut également les changer », se souvient une femme de chambre.

Dès son entrée à la Maison-Blanche, Jackie est parfaitement organisée. Et quasi-maniaque. Elle passe des heures à ranger ses vêtements, à combiner longtemps à l'avance ce qu'elle va porter pour que vêtements et accessoires appropriés soient parfaits. Elle prévoit, bien sûr, sa garde-robe avec une saison d'avance. Sa salle de bains est surréaliste. Il y a de nombreux flacons de différentes couleurs alignés sur les étagères. Il y a de tout : des pilules roses pour dormir, des blanches pour se réveiller, des vertes pour la circulation du sang, des jaunes pour le foie, et puis, toute une série de boîtes contenant toutes les vitamines possibles. Il y a aussi les crèmes de beauté, rangées sur trois rangs, comme des soldats, les nombreux parfums, les dizaines de petites brosses et enfin les toupets de chez Alexandre, au nombre de six, dont Jackie se sert pour gonfler ses cheveux trop fins.

En fait, elle s'est toujours efforcée d'appliquer ses principes de jeune femme bien élevée, s'intéressant un peu à l'art, apprenant à connaître les grands vins, sachant donner des dîners fins, feuilletant les magazines de mode pour relever les modèles qu'elle aime. Elle déteste qu'on la photographie lorsqu'elle fume.

Elle n'aime pas être surprise ou prise de court. L'improvisation n'est pas son fort. Jean-Louis, son coiffeur à Washington, se souvient qu'« elle était assez insupportable. A la Maison-Blanche, il fallait que j'aille chez elle trois ou quatre fois par semaine pour la coiffer, et elle me faisait attendre si souvent que finalement je lui faisais faire son shampooing et que je ne venais que pour le coup de peigne ». Un témoin se rappelle de la pagaille incroyable qui entourait ces séances de beauté. Le coiffeur est alors accompagné d'un assistant, de la shampouineuse, d'une manucure et d'un pédicure. Il y a des appareils électriques et des fils qui courent partout dans la pièce...

Comme l'explique son ami Paul Mathias, « elle n'est pas vraiment capricieuse, mais elle est très brusque et elle vexe les gens, puis elle les console ensuite. On a l'impression que chez elle la lutte intérieure est permanente. Elle ne veut pas se laisser aller avec les gens et quand ça lui arrive, elle en veut parfois à ses amis de l'avoir écoutée ». Dans son besoin de se protéger, de s'isoler et d'être hors de portée des coups susceptibles de la blesser, elle peut se montrer très hautaine. Comme en témoigne Norman Podhoretz, « elle est plus vulnérable que les autres femmes de son milieu. Elle n'aime pas du tout les femmes et peut même être très désagréable à leur égard. Je me rappelle qu'à une soirée qu'elle avait organisée chez elle, les couples se séparèrent après le dîner. Jackie s'excusa auprès des dames, disant qu'elle revenait tout de suite. Ensuite, elle alla rejoindre les maris... ».

En fait, comme l'admet l'un de ses meilleurs amis, « Jackie, c'est un peu comme la "douche écossaise". A un moment, on la sent incomprise, frustrée et malheureuse, et l'instant d'après, sans transition, elle est la Première Dame royale, devant qui il convient de se soumettre. Puis, là encore, sans transition, elle démolit un individu en quelques traits acérés, ridiculise les fastes de la politique et dénonce la vanité d'une ascension dans l'échelle sociale ». Paradoxes d'une femme-enfant aux nerfs fragiles.

VII

VIE PRIVÉE

DANS une note qu'elle adresse en janvier 1963 à Tish Baldrige, Jacqueline écrit : « Je prends le voile, j'en ai assez d'être tout le temps la Première Dame et je vais, maintenant, me consacrer à mes enfants. Je veux cesser toute activité extérieure, qu'il s'agisse de prendre un verre de porto avec un poète ou une tasse de café avec un roi. Plus d'inauguration de galerie d'art, plus rien, à moins que ce ne soit absolument nécessaire. »

La Première Dame vient d'apprendre qu'elle attend un troisième enfant et souhaite dorénavant accorder la priorité à sa vie privée. Un ami du couple présidentiel analyse cette réaction différemment : « Kennedy apprécia beaucoup sa vie de président et ne s'ennuya jamais à la Maison-Blanche, contrairement à Jackie. Quand elle eut mené à bien son projet de restauration et qu'elle commença à tourner en rond, il lui fit un enfant. » Or, l'un des soucis de la Première Dame est de pouvoir élever ses enfants à la Maison-Blanche sans qu'ils deviennent différents des autres enfants. Elle doit veiller surtout à ce que Caroline, providence des reporters photographes, ne devienne trop cabotine.

Son éloignement de John est flagrant. Si sous les prédécesseurs de Kennedy, le désir de distinguer vie privée et vie publique a suscité quelque tension psychologique, il n'en va pas de même chez lui : la séparation se fait tout naturellement. D'autant qu'avec cynisme, il est conscient de l'utilité de ses enfants pour ses relations publiques. Avec le concours de plusieurs photographes, il se lance même dans des conspirations byzantines afin de déjouer le fanatisme avec lequel son épouse protège sa vie personnelle. Stanley Tetrick, de *Life Magazine*, se souvient d'une phrase surprenante du président disant avec nervosité à l'issue d'une séance : « Il va falloir que nous déguerpissions très vite. Les choses vont se compliquer si Jackie fait un tour par ici. » Quand *Look* demande à faire une photo du président avec John-John, Jacqueline se met en colère, déclarant que c'est une intrusion insupportable dans la vie privée de sa famille. Réponse du président à Salinger, son attaché de presse : « Attends un peu, dit-il, on reverra ça la prochaine fois qu'elle partira en voyage... » Au fil des jours, le respect de sa vie privée devient pour elle obsessionnel. Or, il n'est pas très difficile de prendre des photographies au téléobjectif au travers des grilles de la demeure présidentielle, car les artères entourant le parc appartiennent au domaine public.

Le même problème se pose à Glen Ora, la ferme du week-end où vont parfois séjourner les Kennedy en Virginie, à une cinquantaine de kilomètres de la capitale. La route qui longe le domaine attire fréquemment des groupes de photographes armés de téléobjectifs.

Le seul endroit où le président et sa famille se retrouvent totalement à l'abri est leur retraite montagnarde : le Camp David. Comme c'est un terrain militaire, propriété de la Marine nationale, la presse n'y est pas admise et le calme n'en est jamais troublé. Selon l'attaché de presse, « les efforts pour sauvegarder la vie privée des Kennedy provoquèrent un conflit prolongé avec la presse et, en particulier, avec les reporters-photographes. La question s'était posée de savoir jusqu'à quel point la presse avait le droit de photographier à l'improviste les enfants du président et leur mère. Pendant tout le temps que je passai à la Maison-Blanche, nous ne parvînmes jamais à trouver une solution satisfaisante au problème et nous traversâmes des phases de coopération alternant avec des phases de non-coopération de la part de la presse, des périodes où les Kennedy supportaient stoïquement leur sort et d'autres où ils se défendaient violemment contre cette intrusion dans leur vie privée ».

La vie quotidienne des Kennedy à la Maison-Blanche apporte d'une certaine façon une note harmonieuse à Jackie. Pour la première fois au cours de son mariage, elle voit son époux de façon régulière. Régulière et ponctuelle. Réveil à 7 h 45 pour Jackie ; petit déjeuner en tête-à-tête avec John puis visite des enfants. Le président est à son bureau à 9 heures, souvent escorté par Caroline. Le travail s'arrête vers midi. Une courte séance de natation précède le déjeuner, généralement pris avec Jackie. Le président est grand amateur de siestes, Jackie en profite pour voir son coiffeur. John est de retour à sa table de travail entre 15 et 16 heures et y reste jusqu'à 20 heures. Dîners officiels et réceptions occupent parfois ses soirées.

Malgré ce rythme bien établi, il arrive souvent à Jackie de s'évader avec les enfants et d'aller dans leur ferme de Glen Ora ; elle laisse alors John libre pour les soirées et lui permet de passer la nuit avec un nombre important de jeunes secrétaires de la Maison-Blanche. J. Bernard West, huissier à la demeure présidentielle, reconnaît : « Le président organisait beaucoup de soirées très privées pendant que sa femme et ses enfants n'étaient pas là. » Kennedy, se sentant tout à fait à l'abri, ne se gêne donc pas. La confession dans *People* de Judith Campbell Exner a le mérite de ne laisser planer aucune ambiguïté : « Notre première nuit fut une merveilleuse nuit d'amour. John ne pouvait pas se montrer plus amoureux, plus attentionné et sensible à tout ce que je ressentais. Plus tard, son élection le rendit plus arrogant, plus prétentieux. Son attitude au lit devint plus cavalière, comme s'il n'était là que pour être servi... Une fois, faire l'amour dans le lit de John et Jackie me mit mal à l'aise. Mais le besoin d'être avec lui fit taire mes remords. »

Jackie feint d'ignorer tout ce qui éclate aux yeux de son entourage, mais selon P. Collier et D. Horowitz, elle appelle de façon méprisante toutes ces maîtresses « les chiennes de la Maison-Blanche ». Selon eux, « elle en savait plus long qu'il ne pensait sur ces va-et-vient mais les prenait avec une certaine hauteur, comme le jour où elle lui tendit dédaigneusement une culotte qu'elle avait découverte dans sa taie d'oreiller, en disant : “Tu trouveras bien à qui elle appartient, ce n'est pas ma taille !” ». Selon un ami du ménage, c'est mieux qu'un « simple arrangement ».

Lui, apprécie réellement Jackie – à la fois comme personne et comme atout politique. Elle, adore ses enfants, sa vie luxueuse et la marque de déférence due à sa condition de femme du président dont elle goûte pleinement les avantages ! Ainsi, elle envoie un jour l'avion présidentiel à Palm Beach pour aller quérir un disque qu'elle a oublié en rentrant de week-end, ou bien elle se fait prêter des bijoux par le très chic magasin Tiffany... Elle fait tout son possible pour ne pas affronter une position humiliante. Ainsi, elle refuse de venir à la réception donnée le 29 mai 1962 pour l'anniversaire de son mari où Marilyn Monroe, récente conquête de John, doit chanter « Happy Birthday »...

Selon un ancien garde du corps, Marty Venker, « le président gardait un œil sur sa femme en demandant à son garde du corps de rester en contact radio permanent avec celui de Jackie. De cette manière, il était toujours au courant de ses déplacements. Il pouvait recevoir tranquillement dans la piscine, pendant que Jackie atterrissait à l'aéroport militaire de Saint Andrews. Kennedy et les filles s'amusaient jusqu'à ce que Jackie arrive au portail de la Maison-Blanche. Des corps nus traînaient partout. Un agent ou un huissier se hâtait de rassembler les verres et les gobelets, et d'effacer toute autre trace compromettante. Kennedy restait dans la piscine, où il était censé faire des exercices pour son dos, tandis que les filles étaient renvoyées par une porte dérobée. Il y a plusieurs anecdotes sur les fois où Jackie faillit le surprendre en flagrant délit ».

Certains affirment alors que les nombreux voyages de Jackie hors de Washington sont motivés en grande partie par le dégoût que lui inspirent les attentions de son mari pour d'autres femmes, en particulier pour Marilyn Monroe, qui, déguisée en brune avec une perruque et d'immenses lunettes de soleil, séjourne avec Kennedy à l'*Hôtel Carlyle* de New York, voyage avec lui à bord d'Air Force One et l'accompagne chez les Lawford, dans leur villa de Santa Monica. Purette Spiegler, assistante à la Maison-Blanche, convient qu'« il était impossible de travailler pour les Kennedy sans être au courant des aventures de John ». Et pourtant ce témoin reconnaît : « Je ne suis pas sûre que Jackie était au courant de toutes les aventures de son mari. Du moins, je me demande jusqu'à quel point elle savait. Elle passait son temps à demander à l'entourage s'ils pensaient que John voyait telle fille ou telle actrice. Ce qui prouve qu'elle n'en était pas sûre. »

Le syndrome de « l'autre femme » toucha Jackie de bien des façons, analyse David Heymann : « Par périodes, elle se morfondait pendant de longs moments, détachée de tout et glaciale avec le président. C'est dans ces moments-là qu'elle se lançait dans ses grandes expéditions de shopping, dépensant des milliers de dollars en bijoux, en vêtements griffés, en tableaux... tout ce qui lui prenait la fantaisie d'acheter. » Selon Langdon Marvin, « il y eut des fois où elle le taquinait beaucoup au sujet de son besoin pressant d'autres femmes. Au cours de vacances à Palm Beach, alors qu'elle était allée se baigner avec les Lawford, elle rentra à la maison en déclarant à John : "Tu ferais mieux de descendre tout de suite. J'en ai vu deux qui te plairaient beaucoup." Une autre fois, lors d'un dîner à la Maison-Blanche, elle le plaça entre deux de ses dernières conquêtes – juste histoire de l'embarrasser ».

Peter Lawford a confirmé lui-même cette version : « Elle était visiblement au courant des aventures de Jack. Elle m'a dit qu'elle savait. Elle m'a même dit qu'elle l'avait surpris un jour en flagrant délit. Mais je suis sûr que c'était parce qu'elle voulait me faire savoir qu'elle était au courant de mon rôle d'entremetteur dans la vie amoureuse de son mari. »

C'est pour ses enfants qu'elle installe au troisième étage de « White House » une classe destinée à une vingtaine d'enfants de l'âge de Caroline. Cette mini-school devient tout de suite la première école antiségrégationniste de Washington, puisqu'un petit Noir (le fils du secrétaire de presse Andrew Hatcher) la fréquente. En habitant la Maison-Blanche, Caroline devient aussi célèbre à trois ans que la star Shirley Temple à cinq ans. Son répertoire d'enfant espiègle ferait pâlir de jalousie un dessinateur de cartoons. Elle se déguise en éléphant Dumbo, enfilant ses oreilles dans ses pantoufles, joue au cheval avec les ex-béquilles de son père, promène ses treize oies sur les pelouses et les regarde pêcher les poissons rouges dans la pièce d'eau, décroche les téléphones secrets, surgit à quatre pattes dans les réceptions officielles... Caroline déboule ainsi en pyjama du haut de l'escalier d'honneur de la Maison-Blanche, alors qu'au bas des marches ses parents posent avec les grands-ducs du Luxembourg devant les photographes. Une autre fois, elle tente de sauter par le balcon sur la pelouse au milieu des dignitaires de la « Medal of Honour ».

Comme, en plus, ce bon petit diable a « la langue bien pendue » et raconte volontiers sa vie aux journalistes, la presse américaine la sacre vite vedette. Elle devient si célèbre qu'un jour le directeur d'un quotidien new-yorkais téléphone à son envoyé permanent à Washington : « Laissez tomber le Congrès ; essayez plutôt de savoir ce que Caroline a dit aujourd'hui. » Car cette blondinette aux cheveux bouclés et aux yeux bleus, qu'on croirait échappée d'un roman de la comtesse de Ségur, ne manque pas d'esprit. Montrant ses cochons d'Inde, elle précise : « Ils travaillent comme papa, le ventre toujours en l'air. » Au reporter qui lui demande ce qu'est en train de faire son père, elle réplique : « Il est là-haut, il a retiré ses chaussures et ne fait rien. »

Jackie fait tout ce qui lui est possible pour ramener Caroline à moins de turbulence, mais l'enfant a l'art de paraître sage pendant des heures et de disparaître en un clin d'œil. Ainsi, tombe-t-elle accidentellement dans la piscine de la Maison-Blanche en ayant profité d'un moment d'inattention de sa nurse. On l'aperçoit, accrochée tant bien que mal à un matelas pneumatique. Si Jackie a plusieurs fois l'envie furieuse de lui donner une fessée, elle n'en fait rien. Elle ne lui tient pas rigueur de ses colères et lui laisse faire ce qu'elle veut. Quand Loren Pierce, l'une des conservatrices de la Maison-Blanche, donna une tape sur les mains de Caroline qui jouait avec des objets anciens fragiles, Jackie la renvoya. En fait, selon Betty Spalding, « avec ses enfants elle est tendre et chaleureuse mais trop inhibée psychologiquement pour pouvoir sortir de sa réserve ». Cependant, personne n'a jamais critiqué Jackie sur son rôle de mère. Ceux qui la connaissent intimement reconnaissent sa patience et sa générosité.

Caroline a un tel succès dans l'opinion qu'elle devient l'héroïne d'une bande dessinée, dernier best-seller de la littérature enfantine américaine. On y apprend que son programme préféré à la TV est « Bozo le Clown », que sa poupée Ann a les cheveux roux, qu'elle parcourt en tricycle les appartements de la Maison-Blanche et que son passe-temps favori est de barboter dans la piscine avec un bateau de caoutchouc en forme de cygne géant. Le premier numéro de « Caroline Kennedy Magazine » se conclut par : « Coloriez ce portrait de Caroline, car comme sa maman qui aime peindre, Caroline s'intéresse déjà à la peinture... »

Le président aime bien exhiber sa fille. Quand il est en voiture décapotable avec elle, il s'amuse à la regarder s'opposer aux photographes qui se précipitent vers la voiture. Imitant sa mère, elle lève la main d'un geste autoritaire en disant : « Pas de photo, s'il vous plaît. » Lors des promenades en mer, sur le yacht présidentiel, il lui raconte les aventures d'une certaine baleine blanche, pour passer le temps. Cette baleine blanche, qui suit le bateau mais reste invisible, est, selon John, friande de chaussettes. Comme la baleine blanche est affamée, John demande à Caroline d'obtenir que les invités retirent leurs chaussettes et les jettent pardessus le bastingage. « Nous savions tous, raconte un proche, que lorsque le président commençait à raconter à sa fille ses histoires de baleine, il était temps de s'en aller à l'autre bout du bateau... »

Idyllique tableau que celui du couple présidentiel et de ses enfants. Le gazon de la Maison-Blanche sert de cour de récréation et de bureau. A travers les baies vitrées, John peut surveiller ses enfants. Souvent, il ouvre la fenêtre, claque des mains. On voit alors les deux enfants accourir et se jeter dans ses bras. Le maître d'hôtel, J.B. West, se rappelle avoir vu le président descendre de ses appartements privés par l'ascenseur, avec John-John hurlant : « Je veux aller avec toi ! » Finalement, le président a haussé les épaules en disant : « D'accord, on va aller travailler ! » et a laissé le bambin jouer par terre dans le Bureau ovale.

Toute la famille retrouve les cousins Kennedy pour des week-ends à Hickory Hill. Avec ses gazons en pente douce, ses noyers blancs trois fois centenaires et ses essaims d'enfants et d'animaux, le lieu déplaît à Jackie. L'ambiance y est trop « Kennedy ». Ethel y convie un soir le poète Robert Frost et distribue à tous les invités crayon et papier pour organiser un concours de poésie. Une autre fois, elle fait venir Harry Belafonte pour donner des leçons de twist. Il y a de frénétiques parties de cache-cache et de plongeons forcés dans la piscine. Tout cela met Jackie mal à l'aise. Un dessin qu'elle a fait un jour pour Ethel montre bien ce qu'elle pense de l'inélégant chaos de Hickory Hill. On y voit des enfants partout, aux fenêtres, sur le toit, par terre. L'ancienne cuisinière part avec ses valises par la porte de derrière, tandis que la nouvelle arrive par la porte de devant...

Pourtant, le zoo privé des enfants de la Maison-Blanche, avec une quinzaine d'animaux domestiques en pension, deux poneys et de nombreux hamsters, constitue un pôle d'attractions. Pierre Salinger a raconté que « bien que JFK fût allergique aux chiens, il en acceptait volontiers le désagrément à cause du plaisir qu'ils faisaient à Caroline et à John. Il sortait parfois de son bureau entre deux rendez-vous, frappait dans ses mains et se préparait à résister à l'assaut immanquable de ses enfants et de leurs amis chiens. Parmi ces derniers, il y avait un terrier gallois, Charlie, un cocker irlandais, Shannon, cadeau du Premier ministre Eamon de Valera lors de la visite en Irlande du président en 1963, et Pouchinka, la fille de Laïka, première chienne spatiale russe, que Khrouchtchev avait donnée à Mrs Kennedy ».

L'heureuse union de Pouchinka et de Charlie produit des petits chiens pour lesquels Mrs Kennedy trouve un toit. L'un va au comédien Peter Lawford, son beau-frère et les deux autres aux gagnants d'un concours national de lettres d'enfants. Un autre animal fait parler de lui : Sardar, le superbe cheval donné à Mrs Kennedy par Mohammed Ayoub Khan, président du Pakistan, après le voyage qu'elle fait dans ce pays en 1962. Mrs Kennedy décide de refuser deux autres cadeaux : un éléphant des Indes et une portée de petits tigres. Le public s'émeut. Sardar

Jacqueline Bouvier,
en 1936, avec son père,
« Black Jack ».

1947 : Débuts dans le monde.

Premiers pas dans le journalisme en 1951,
au *Washington Times Herald.*

12 novembre 1953 : en épousant John F. Kennedy, Jacqueline doit apprendre à se faire une place au sein du clan Kennedy.

En robe de mariée en satin ivoire, dans les jardins
de Hammersmith Farm.

L'arrivée à la Maison Blanche d'un couple aussi jeune et beau fascine le monde entier.

Après un enfant mort-né en août 1956, la naissance de Caroline au lendemain de Thanksgiving 1957 sauve Jackie de la neurasthénie chronique.

Epaulant John F. Kennedy dans tous ses combats.

« Je suis l'homme qui accompagne Jackie Kennedy à Paris et j'en suis ravi ». Une tirade historique en juin 1961, lors de la réception à l'Elysée par le Général de Gaulle.

24 novembre 1963 : Washington « silencieuse comme une cathédrale » enterre le président.

Jackie, Aristote Onassis et leur cuisinière déguisée en soubrette, la première année de leur mariage.

Jackie grand-mère, avec le chat « Grennie ».

Jackie, Caroline et son mari, avec un cousin, devant l'album de photos de famille.

Avec son dernier compagnon Maurice Templesman,
Caroline et John Jr, l'un des derniers Noëls de Jackie.

Cahier photos : Collection de l'auteur, Ronald Richardson et Marta Sgubin. J.F.K. Library.

est arrivé à Washington à bord de l'un des appareils du Service des Transports aériens de l'Armée (MATS), c'est-à-dire aux frais des contribuables. Mais l'émotion se calme lorsqu'on précise à la presse que c'était au cours d'un vol réglementaire, et que l'avion, comme la plupart des avions-cargos du MATS, rentrait normalement à vide en Amérique.

Les pensionnaires du zoo de la Maison-Blanche qui font le plus parler d'eux sont les hamsters de Caroline. Ils ne cessent de s'échapper, de prendre froid ou de courir à leur perte par des moyens qui eussent fait les délices des James Bond ! Les journalistes de la Maison-Blanche, et en particulier les correspondantes de journaux féminins, s'intéressent intensément à la santé et aux faits et gestes de ces hamsters. Vers trois heures du matin, Helen Thomas, de l'UPI, tire une fois Pierre Salinger d'un profond sommeil pour lui dire : « Vous m'excuserez, Pierre, de vous réveiller à une heure aussi indue, mais c'est pour un motif très grave. Nous apprenons que l'un des hamsters de Caroline serait mort ! Voudriez-vous m'en donner la confirmation ? »

Avec cette atmosphère familiale et chaleureuse, John commence à se sentir à l'aise dans son rôle de père de famille. Il aime taquiner Caroline et jouer avec son fils. Jackie, elle, communique son affection de la seule manière dont elle est capable : créer un intérieur intime où l'on ne parle jamais de politique. Ce que souligne Robin Douglas-Home : « Elle considérait comme son devoir de distraire son époux et de lui apporter des dérivatifs, et non d'aborder sérieusement des problèmes. » Très loin de l'idée de la First Lady jouant un rôle décisif, celui d'éminence grise. A Washington, où les intrigues de couloir constituent la base de la vie politique, Jacqueline refuse de jouer le moindre rôle décisif. Ce qu'elle reconnaît même dans une interview : « Nous ne parlons jamais de faits sérieux. J'imagine que c'est parce que mon mari m'a toujours dit que la seule chose dont un homme très occupé ne veut pas parler en fin de journée, c'est de l'éventuelle réussite de la Convention de Genève ou du règlement susceptible d'intervenir au Cachemire, ou d'autres problèmes de ce genre. Il ne m'en parle pas. Il veut tout simplement que je sois sa femme, et il n'évoque que rarement à la maison ses problèmes de travail, sauf parfois les plus graves. » Comme le remarque Pierre Salinger, « elle voulait faire de la Maison-Blanche un logis aussi agréable que possible pour son mari et ses enfants, un refuge au milieu du tourbillon des occupations du président ». « Je veux pouvoir protéger mes enfants quand ils en ont besoin, pouvoir leur offrir un refuge », explique-t-elle. Toujours cette crainte de l'insécurité, ce besoin d'échapper aux autres, aux regards inquisiteurs...

Est-ce pour renforcer la cellule familiale qu'elle décide d'avoir un troisième enfant ? Elle passe l'été à Hyannis Port, retirée du monde, tandis que son époux séjourne en voyage officiel à l'étranger. Elle occupe ses journées à lire, à choisir des cartes de Noël et à sélectionner les cadeaux que le président et elle comptent envoyer cette année-là. Cartes et cadeaux qu'ils n'enverront jamais. Ce second semestre 1963 sera marqué par la tragédie.

VIII

SÉRIE NOIRE

LA tragédie a été le lot des Kennedy. Rose-Marie est née retardée mentale ; le fils aîné, Joe, a trouvé la mort dans l'explosion de son bombardier en 1944 ; Kathleen s'est tuée en 1948 et Joseph, l'invincible Joseph, perdit en décembre 1961 l'usage de la parole, terrassé par une hémiplégie. Morts, drames, tragédies. Un grand vent shakespearien souffle sur cette famille sans jamais altérer sa santé.

Au printemps, le suicide de Charlène Cassini, la belle-sœur de son couturier (souvent invitée à Hyannis Port), attriste Jackie (un scandale monté en épingle par la presse ruine la réputation des Cassini). Elle n'en est que plus résolue à protéger sa vie privée et passe l'essentiel de sa grossesse à profiter de ses enfants. Elle les emmène pique-niquer, dessine avec eux et évite Washington.

Le 7 août 1963 (cinq semaines avant l'accouchement prévu), elle quitte vers onze heures Squaw Island – la propriété louée par les Kennedy l'été – le temps d'une promenade avec ses deux enfants. Au bout de dix kilomètres, Jackie sent les premières douleurs. Douze minutes plus tard, son médecin, le Dr John Walsh, l'examine et demande un hélicoptère. Celui-ci dépose vingt minutes après la First Lady à la base aérienne d'Otis, où l'hôpital de campagne est prêt. A 11 h 50, on appelle la Maison-Blanche. On dérange le président en conférence, qui décide de partir sur-le-champ. A 12 h 52, Jackie donne naissance (par césarienne) à un fils de 2,1 kg immédiatement baptisé Patrick. Dans l'après-midi, le couple présidentiel peut admirer ce fils, déposé sous couveuse. Mais soudain, l'enfant se met à respirer de plus en plus difficilement. Les médecins diagnostiquent une maladie fréquente chez les enfants prématurés et encore plus courante chez ceux nés par césarienne : la maladie de la membrane « Hyaline ». On transporte d'urgence le nourrisson à Boston. Le lendemain matin, Kennedy rend visite à son fils à l'hôpital, puis saute dans un hélicoptère pour retourner auprès de Jackie à la base. Mais l'état de l'enfant empire. Le cardinal Cushing demande à tous les Américains de prier pour sa guérison. Kennedy fait la navette entre son hôtel et l'hôpital, tenant sa femme au courant des moindres nouvelles. Vingt-quatre heures s'écoulent, au cours desquelles on note quelques améliorations. Mais à 2 h 10 du matin, il faut réveiller le président : « Le pire est à craindre », lui explique un médecin. Pendant plus d'une heure, Kennedy reste le visage pressé contre un hublot. A 4 h 04 du matin, tout est fini. Le porte-parole de la Maison-Blanche annonce : « Le petit Patrick vient de mourir. Son cœur a lâché. Il n'a pas pu supporter le traitement. » Jackie n'est pas encore prévenue ; c'est John lui-même qui lui annonce la nouvelle dans le courant de la matinée. Il s'effondre en larmes dans ses bras. « Oh ! Chéri, sanglote-t-elle alors. Je crois qu'il n'y a plus qu'une chose que je ne supporterai jamais maintenant, c'est de te perdre. » « Ce fut une terrible chose pour moi », a-t-elle confié plus tard à une amie.

Jackie n'assiste pas à l'enterrement de son bébé (il repose au cimetière d'Arlington), préférant rester seule et désespérée dans sa chambre d'hôpital. Comme le note Pierre Salinger, « cette mort fut l'un des épisodes les plus tragiques dans la vie du président et Mrs Kennedy... ». Déprimée mais résignée, elle finit par regagner Washington. C'est alors que sa sœur Lee, qui vient de passer un long séjour amoureux avec Aristote Onassis en Grèce, lui propose de se changer les idées. Onassis offre de mettre à sa disposition son luxueux yacht le *Christina* pour une croisière en mer Egée. Bien que les commentaires que risque de susciter cette croisière (en raison du passé d'Onassis) agacent un peu le président, celui-ci encourage sa femme à accepter.

En octobre 1963, Jackie et sa sœur arrivent donc à Athènes et passent plusieurs jours dans une villa au sud-ouest de la ville. Puis le *Christina* lève l'ancre et part en direction de Mykonos, effectuant quelques escales dans des ports tranquilles. Etendue au soleil, profitant des pique-niques, appréciant le luxe de cet hôtel particulier flottant, elle semble revivre. Elle dit à tout le monde que c'est merveilleux de ne pas être esclave d'un emploi du temps quotidien. A chaque escale, le manège incessant des barques de pêcheurs ou des touristes, pour une fois, ne semble pas la gêner. La croisière s'achève par un dîner de gala où Onassis, hôte parfait et jusqu'ici d'une discrétion étonnante, offre à Jackie un collier de diamants et de rubis. Pour elle, si souvent agacée par la pingrerie de son mari, la surprise est de taille et le cadeau très apprécié.

Pendant les dix jours de croisière, ses soucis se sont évanouis. Elle a découvert un nouveau genre de vie. Elle sait désormais ce que veut dire : « Vivre comme un milliardaire » sur le plus beau yacht privé du monde. Après une étape au Maroc, pendant laquelle le roi Hassan lui offre une fantasia, elle rentre à Washington où Kennedy l'attend à la sortie de l'avion. Pour de nombreux témoins, leurs retrouvailles sont réussies. Robin Douglas-Home va même jusqu'à dire que « la tragique mort du bébé les a rapprochés et les a amenés à un certain niveau de compréhension, de respect et d'affection. Paradoxalement, cette épreuve a apporté un souffle nouveau à leur union et a aussi renforcé la cohérence de leur foyer ».

Et ceux qui rencontrent la Première Dame dans ses obligations officielles, à son retour de Grèce, ou dans un dîner plus intime, notent un changement : elle est plus détendue, plus sociable – ce que l'un d'eux résume ainsi : « Elle a perdu une partie de son arrogance et acquis une certaine humilité. » L'ambassadeur de France raconte quant à lui : « Un peu alourdie, habillée à l'italienne, une belle tête, une coiffure de lionne, la voix douce et comme expirante. »

En fait, malgré les infidélités de son mari, Jackie a toujours défendu son mariage. Elle a été amoureuse de John au début et a pris son parti de la dure réalité de leur vie conjugale. La mort de leur petit Patrick les rapproche. Ils se rendent compte de la chance qu'ils ont d'avoir deux beaux enfants. Dans l'intervalle, John s'est assagi. Il apprécie son épouse, sa vie de famille. Jacqueline est, de son côté, plus sereine, moins la proie de sautes d'humeur. Et alors qu'en tant que Première Dame, elle a jusqu'ici effectué treize voyages à l'étranger et toujours refusé le moindre déplacement dans les Etats-Unis, elle accepte maintenant d'accompagner son mari au Texas, pour lui faire plaisir.

Et ce qui doit être une corvée, cette indispensable tournée pré-électorale (San Antonio, Houston, Fort Worth, Dallas), ressemble presque à une preuve d'amour. Elu de justesse en 1960, Kennedy espère remporter un succès éclatant en 1964 et s'y emploie de bonne heure. La prudence de sa politique intérieure, l'éclat de sa politique étrangère, ont été les traits essentiels de ses trente-quatre premiers mois de présidence. Le voyage au Texas a été décidé depuis longtemps, même si l'inclusion de Dallas, ville républicaine, dans le circuit présidentiel, n'a pas trouvé que des approbateurs dans l'état-major du parti démocrate. Selon Theodor Sorensen, « les fumées de la haine et de la brutalité en polluaient trop souvent l'atmosphère ». Le 21, 22 et 23 novembre sont arrêtés pour ce déplacement texan.

Le jeudi 21 novembre 1963, l'hélicoptère présidentiel s'envole des pelouses de la Maison-Blanche. Le président a rendez-vous avec le danger. Imprégné d'un certain fatalisme et connaissant les inévitables risques de sa fonction, cette perspective ne semble pourtant pas l'effrayer. Il a souvent demandé à sa femme de lui réciter le fameux poème d'Alan Seeger : *I have a rendez-vous with death.* Deux courtes escales d'abord à San Antonio et à Houston. Accueil chaleureux. D'abord un peu réticente, Jackie serre les mains des badauds. On passe la nuit à Fort Worth.

Le vendredi 22 novembre, Kennedy s'éveille dans la suite 850 de l'hôtel Texas. Le ciel est gris. Une foule est déjà amassée devant l'hôtel. Kennedy laisse Jackie seule dans leur suite. Elle revêt un ensemble Chanel rose framboise au col pourpre sombre, et se coiffe d'un petit chapeau tambourin assorti. Pendant ce temps, il quitte l'hôtel et s'approche des micros plantés sur le parking. Il serre des mains, remercie ses admirateurs. Quelqu'un crie : « Où est Jackie ? » Et le président de répondre, pince-sans-rire : « Madame Kennedy est en train de s'habiller (éclats de rire). Cela prend du temps. Mais quand elle a terminé, elle est beaucoup plus agréable à regarder que nous (nouveaux éclats de rire). » Il conclut son discours et regagne l'hôtel. Jackie le rejoint enfin et tous deux se montrent à un petit déjeuner rassemblant des dignitaires du parti démocrate. Lorsque son tour de prendre la parole vient, Kennedy monte au pupitre et attaque : « Il y a deux ans, je me présentais à Paris en disant que j'étais l'homme qui accompagnait Mrs Kennedy à Paris. J'ai la même sensation aujourd'hui, tandis que je traverse le Texas... » Sa femme retient un rire derrière sa main gantée d'agneau. « Jacqueline tient la vedette », note la presse...

Lorsque le couple présidentiel quitte l'hôtel dans la matinée, le soleil apparaît. John et Jackie gagnent le jet présidentiel à la base aérienne militaire de Carswell. L'avion atterrit à 11 h 39, à Dallas. A l'arrivée, contrairement au protocole, Jackie sort la première de l'avion. On lui remet un bouquet de roses rouges. Elle se dirige avec son mari vers les barrières qui contiennent la foule criant : « Jackie... ie... ie... ! » Puis le cortège se forme : première voiture, la police municipale, deuxième voiture, le président à droite, la First Lady à gauche et devant eux, le gouverneur Connally et son épouse.

A leur suite, quatre motos de la police et une voiture occupée par les membres de la sécurité. La limousine présidentielle est découverte. 250 000 personnes guettent tout le long du parcours prévu. Dans le nord de Dallas, la foule est moins dense. Jackie esquisse le geste de chausser ses lunettes de soleil, mais le président lui demande de ne pas le faire. La Lincoln traverse la ville en fête, telle Sarajevo en liesse. Comme jadis l'archiduc, John Kennedy sourit. Il est 12 h 30. Quelque part, près de la foule, un tireur met son fusil en joue et suit à travers la lunette la marche de la voiture, le doigt sur la détente. A l'angle de Elm Street et de Houston Street, alors que la limousine passe devant la bibliothèque de la Texas School, le président se tourne vers sa droite pour répondre à des acclamations, mais une balle le touche à la nuque. Il s'écroule en avant à côté de sa femme. Une seconde balle atteint le gouverneur Connally. Jacqueline tend les bras pour aider son mari, lorsqu'un troisième coup touche Kennedy à l'arrière du crâne. Elle crie : « Oh non ! Oh non ! », grimpe à l'arrière de la Lincoln, et saisit le poignet de Hill, son garde du corps. Le chauffeur de la limousine présidentielle, sous le coup de la stupeur, a d'abord ralenti, puis il accélère et se rend directement à l'hôpital de Parkland. Effondré, ensanglanté, Kennedy repose sur les genoux de sa femme.

Six minutes après, les civières sont prêtes à l'hôpital. Un garde du corps enlève sa veste et Jackie entoure la tête de son mari, d'un geste doux et prudent. Il est allongé sur une civière et mené jusqu'à la « Trauma Room 1 » où les médecins s'affairent autour de lui. Il est 12 h 55. Jacqueline, l'air hagard, est debout dans un angle de la pièce. L'un des médecins prend le poignet du président et tâte le pouls. L'électro-cardiographe est arrêté. Le Dr Burkly se tourne alors vers la jeune femme, le visage humide de larmes : « Le Président est mort. » A 13 heures, les chirurgiens rendent la nouvelle officielle.

La nouvelle de l'assassinat du 35e Président des Etats-Unis d'Amérique est un choc considérable dans le monde entier. L'homme qui a incarné une certaine idée de l'Amérique, avec son dynamisme triomphant, ne peut pas mourir comme un autre. Et encore moins assassiné. Le crime est trop banal ou trop horrible et s'imprime dans la mémoire de chacun. Edgar Morin a même parlé d'une « télé-tragédie planétaire ». A cette séquence télévision vont en succéder deux autres : l'arrestation d'Oswald et, là encore, en direct, son assassinat prémédité, perpétré à la vue de tous par Jack Ruby, comme si celui-ci était chargé de faire taire définitivement le meurtrier, d'effacer toute trace. L'affaire Kennedy, le crime le plus mystérieux du siècle, commence. Depuis, elle n'a cessé de rebondir et ce malgré la commission Warren, ses 26 000 interrogatoires et ses 2 300 rapports de quelque 2 500 pages, désignant Lee Harvey Oswald, un « misfit » sans mobile, au passé trouble, comme seul coupable.

Aujourd'hui encore, on ne peut expliquer pourquoi John Kennedy a été assassiné à Dallas et ce ne sont pas les dernières « révélations » mettant en cause un groupe de tueurs d'origine française commandités par la mafia, ou la possibilité d'un complot visant uniquement le gouverneur Connally, qui vont changer quoi que ce soit. Les rumeurs liant l'assassinat de Kennedy à la mafia américaine, au KGB, à Fidel Castro, voire au FBI, ont été nombreuses au cours des trente-cinq dernières années, mais aucune n'a pu être étayée de manière tant soit peu convaincante.

Et tandis que la passation des pouvoirs a lieu dans l'avion qui ramène le corps de Kennedy à Washington, tandis que Lyndon Johnson prête serment, tous les visages sont tournés vers Jackie qui porte encore son tailleur Chanel éclaboussé de sang. Bouleversante et digne, elle semble vouloir dire : « Regardez-moi. Le premier mot que John m'ait appris est un mot de son clan : "Les Kennedy ne pleurent jamais." Voyez, je tiens parole. »

Sur l'aéroport de Washington, le cercueil contenant le corps du président est déposé dans une ambulance. Robert Kennedy rejoint Jacqueline et tous deux suivent le convoi à l'hôpital Bethesda, puis à la Maison-Blanche. « Je veux que les funérailles soient les plus dignes, les plus belles qu'un Président ait jamais eues », demande-t-elle à son beau-frère Robert Sargent Shriver, qu'elle charge de régler tous les détails sous sa direction. Du funeste vendredi au dimanche 24 novembre, jour des obsèques, elle domine en public son chagrin. Elle n'a probablement guère le temps de penser à son mari John, quand il faut préparer, avec un secrétariat, les invitations aux funérailles et l'accueil des chefs d'Etat après les cérémonies à Arlington. Comme survoltée, elle explique à ses collaboratrices : « Quoi qu'il en soit, il faut bien passer les quelques jours à venir. Soyez courageuses pendant deux, trois jours, ensuite nous pourrons toutes nous effondrer. »

Décidée à ce que le long jour des obsèques reste à jamais gravé dans la mémoire des Américains, elle en arrange chaque détail et donne des directives précises. Tandis que la cérémonie s'organise, Jackie fait le vœu de faire pour son époux dans la mort ce qu'elle pense ne jamais lui avoir donné durant sa vie. Dans son esprit, elle veut que le dernier adieu qu'elle lui adresse soit un moment officiel grandiose et inoubliable. Elle bouscule la tradition en imposant le cortège à pied derrière le cercueil, fait sans précédent dans l'histoire américaine. Elle fait venir vingt-quatre cadets d'Irlande, première patrie de son mari. Elle invite ses anciens compagnons de la guerre du Pacifique. Elle demande que la Marine, où il a servi, ait le pas sur les autres armes dans les cérémonies. Elle obtient aussitôt qu'une garde d'honneur escortant le caisson soit composée par une compagnie de marins et que le drapeau personnel du président soit porté par un marin. Elle exige que des Noirs soutiennent aussi le cercueil. Elle pense aux fleurs, chrysanthèmes et lilas blancs. Ordonnatrice géniale et sombre héroïne du dernier acte, elle veut mêler son deuil familial au deuil de la nation. Un ami a déjà remarqué que « si elle ne sait pas faire face aux petits événements de la vie quotidienne, elle est tout à fait capable de bien réagir dans des situations dramatiques ».

Et la télévision américaine, qui a interrompu depuis trois jours ses émissions publicitaires pour donner au peuple américain le film immédiat des événements, retransmet en ce dimanche 24 novembre 1963 l'admirable spectacle d'une nation unanime dans la dignité.

L'Amérique pieuse, patriote, surpassant peut-être toutes les nations du monde par la sincérité, par l'intensité des émotions collectives qu'elle est capable de ressentir, fait de Mme Kennedy une héroïne nationale. Lorsque aux marches de la cathédrale, pathétique sous sa mantille noire, dressée entre ses deux enfants blonds, elle voit le caisson étoilé partir pour le dernier voyage, elle se penche vers John-John et lui parle. Alors, l'enfant de trois ans salue militairement le cercueil emporté par six chevaux blancs. Et de l'Atlantique au Pacifique, des sanglots déchirent les gorges lorsque l'on voit Caroline caresser la bannière étoilée de son père. Pas une seule fausse note, une seule outrance, ni même un seul geste de colère. A l'heure où Washington célèbre le rite funèbre de

John Fitzgerald Kennedy, New York est, suivant l'observation d'un journal, « silencieuse comme une cathédrale », si bien qu'on entend à des distances incroyables le canon de Governors Island tirant sa salve d'honneur.

A l'issue de cette superbe fête funèbre, Jackie offre l'image d'une reine de douleur et reçoit l'imposant cortège des rois, présidents et ministres de cent nations. Seuls le général de Gaulle, l'empereur Hailé Sélassié et le président irlandais Eamon de Valera sont reçus dans le salon privé du premier étage. Elle reçoit tous les autres dans le grand salon du rez-de-chaussée, serre les mains et adresse à chacun un mot de remerciement. Pour le témoin Ben Bradlee, Jackie était « extraordinaire, ce soir-là. On aurait parfois dit une étrangère qui assistait à une cérémonie de deuil qui ne la concernait pas. A d'autres moments, elle se murait dans son silence, et on voyait bien qu'elle était profondément bouleversée. Souvent, elle se tournait vers un ami pour évoquer un souvenir. Tout le monde se joignait alors à elle et nous songions ensemble au bon vieux temps ».

Effrayée par sa brusque solitude, elle organise un repas pour ses enfants et ses amis et décide en fin de journée de se rendre à Hyannis Port pour parler à Joseph Kennedy, paralysé. Pendant plusieurs heures, la jeune veuve ouvre son cœur, répétant sans cesse à propos de la tragédie de Dallas : « Et si je n'avais pas été là... Heureusement que j'étais là ! »

IX

MÈRE COURAGE

LE 25 novembre 1963, Jacqueline fait porter au président Johnson la lettre manuscrite suivante :

« Cher Monsieur le Président,

« Merci d'avoir été présent hier, merci d'avoir marché derrière Jack. Vous n'y étiez nullement obligé. Je suis convaincue que maintes personnes vous avaient même interdit de prendre un tel risque, mais vous l'avez fait.

« Merci de vos lettres à mes enfants. Vous pouvez imaginer ce qu'elles signifieront pour eux, plus tard. Ils vous ont toujours porté tant d'affection qu'ils ont été vraiment émus de recevoir ces mots de vous. Et par-dessus tout, Monsieur le Président, merci pour la façon dont vous m'avez toujours considérée – pour l'attitude que vous et Lady Bird avez toujours eue vis-à-vis de moi. Naguère, quand Jack était vivant, et maintenant, en tant que Président... nous étions amis, tous quatre. J'ai toujours pensé, bien avant votre nomination, que Lady Bird aurait dû être la "Première

Dame". Je n'ai d'ailleurs pas à vous entretenir ici de ses qualités – de son caractère extraordinairement égal –, de sa volonté d'assumer toute charge. Elle en a assumé une telle quantité pour moi, je l'aime beaucoup... et j'aime vos deux filles.

« Pour le premier jour de votre charge, cela ne doit pas vous aider d'entendre des enfants jouer sur la pelouse pendant la pause ; c'est justement un exemple de plus de votre gentillesse, d'avoir autorisé qu'ils restent.

« Je vous promets qu'ils seront bientôt partis.

« Merci, Monsieur le Président.

« Respectueusement, Jackie. »

Pour Jackie, la Maison-Blanche, autrefois détestée, devient brusquement un lieu de sécurité. Caroline, décide-t-elle, va continuer de fréquenter l'école qu'elle a fait installer à la Maison-Blanche. Comme l'idée de quitter cette demeure lui devient pénible, elle y prolonge son séjour plus longtemps que prévu. On décroche les tableaux des salons, on remise tous les souvenirs dans des caisses et Jackie veille seule au rangement des affaires personnelles du président et de ses derniers écrits. Cruauté des usages, Jackie conduit elle-même Mme Johnson à travers les pièces de sa résidence, présente le personnel et lui explique le fonctionnement de la maison.

Sommée de quitter à bref délai ces lieux, brisée d'émotion, maîtrisant difficilement des crises de larmes et de brusques sautes d'humeur, Jackie confie : « Quand on a tenu son mari mourant dans ses bras, on n'est plus jamais la même. » Devant quelques témoins, elle s'abandonne : « Je suis une plaie vivante. Ma vie est finie. Je m'étiole. Je n'ai plus rien à donner et certains jours je ne peux même pas me lever, confie-t-elle. Je pleure toute la journée jusqu'à épuisement. Ensuite, je bois. » En fait, jamais la femme d'un président américain n'a subi le martyre d'un deuil aussi public. Elle devient un monument national. En ayant survécu à son mari, après avoir été à ses côtés lors de l'attentat, elle entre dans la légende et ne peut le supporter. Elle passe toute son année auprès de la famille Kennedy, avec pour objectif de cultiver à tout prix la mémoire de John.

Car, aussi inconcevable que cela puisse sembler aujourd'hui, elle est terrorisée à l'idée qu'on peut oublier John. Elle a été frappée par les commentaires des télévisions : « Pendant les premiers reportages, explique Theodor White, on insistait beaucoup sur la jeunesse de Kennedy, sur le fait que le destin l'avait fauché en herbe, avant qu'il eût achevé les grandes œuvres qu'il avait promis de réaliser. On soulignait souvent cet aspect de la situation. C'était une façon de rendre sa disparition plus cruelle encore. Pour Jackie, cela voulait dire que JFK n'avait pas exercé ses fonctions assez longtemps pour laisser un souvenir durable et elle en était profondément meurtrie. Convaincue que les livres d'histoire ne mentionneraient son mari que dans leurs notes en bas de page, elle expédie des dizaines de messages et de lettres à des amis qui se terminent tous par la même supplique désespérée : "S'il vous plaît, ne l'oubliez jamais." »

Pleine de culpabilité, elle se persuade en se disant qu'elle n'a pas été pour son époux la femme qu'elle aurait pu être et qu'il aurait sans doute espérée. Elle veut se racheter. Alors que les projecteurs du monde entier sont encore braqués sur elle, elle n'est absorbée que par son souci d'être digne de l'héritage. Il est important, dit-elle au journaliste Theodor White, de rappeler au monde que le temps de la Nouvelle Frontière a existé : « C'était comme le royaume du roi

Arthur et de ses chevaliers. » « Jackie n'avait rien laissé au hasard, avoua plus tard White. Il est évident que cette jeune femme à l'intelligence très aiguë avait longuement et profondément réfléchi au souvenir qu'elle voulait que l'on conserve de son jeune, beau et romantique époux. On l'avait toujours décrite comme une princesse de conte de fées et elle voulait que John Kennedy prenne place dans l'Histoire comme un roi Arthur moderne. »

Et tandis que Robert Kennedy apparaît comme l'héritier, le seul capable de réaliser les promesses laissées en suspens par la disparition du président (une fois de plus, et conformément aux lois de l'équilibre qui régissent les Kennedy, la mort d'un frère offre au survivant une occasion inattendue et redoutable de s'affirmer), Jackie se rapproche de lui. Elle lui fait don de *The Greekway* d'Edith Hamilton qu'il lit avec passion, soulignant les phrases importantes, frappé par ces vers d'Eschyle : « O Dieu, votre loi est d'enseigner par la souffrance.../et même dans notre sommeil la douleur qui n'oublie pas/ tombe goutte à goutte sur notre cœur. »

A un ami, elle parle encore de ces paroles d'Hérodote citées par Edith Hamilton : « Toute arrogance récolte une riche moisson de larmes. Les Dieux imposent à l'homme un lourd tribut pour son orgueilleuse présomption », y avouant dans une lettre : "C'était une de ces journées où l'on se sent submergé par les immenses nuages sombres du malheur et de la détresse. J'ai retrouvé tant de beauté et puisé tant d'espoir à la lecture de ces poèmes si beaux et de leurs mots divins..." »

Jackie, qui a exposé à Robert Kennedy, en rentrant de Dallas, exactement ce qui s'est passé le 22 novembre dans les moindres détails (épreuve qui a cimenté leur intimité de plus en plus étroite), décide d'accorder tout son soutien à son beau-frère, une façon de se racheter. Ce qu'explicite son ami Robin Douglas-Home : « La manière la plus évidente et la plus facile de se racheter consistait à aider son beau-frère, qu'elle identifiait nettement à son mari, à recréer et à poursuivre le rêve si cher à son époux et que sa mort prématurée avait empêché de réaliser. » Dans sa maison rose à trois étages de Georgetown, Jackie se consacre à la bibliothèque du Mémorial Kennedy, suit la création du Centre Artistique Kennedy, organise expositions et manifestations sur son mari. S'enfonçant dans son propre chagrin, s'appuyant de plus en plus sur Robert, elle finit par idéaliser sa vie avec John : « Il était exceptionnel, et je sais qu'il a vu en moi aussi quelque chose d'exceptionnel... Les trois années que nous avons passées à la Maison-Blanche ont été les plus heureuses pour nous, nous étions devenus proches l'un de l'autre... » Bob fait de même, animé d'un esprit de croisade et présente le travail accompli par son frère comme il aurait voulu que celui-ci eût été, allant jusqu'à déclarer : « Il était bien plus que le chef d'un Etat, il était à la tête de la jeunesse du monde entier. Il s'efforçait de lutter contre la faim, la maladie et la pauvreté tout autour du globe... » La mort de Kennedy, ce voile funeste jeté sur l'histoire des Etats-Unis, transforme une First Lady en une veuve courageuse, tandis que son beau-frère incarne le pieux Lancelot, épris d'ascétisme, brûlant d'intensité, partant en quête du Graal.

Dans les trois années qui suivent, Jackie et Bobby se montrent si souvent ensemble à New York que les gens commencent à penser que leur amitié sort peut-être du strict cadre des relations familiales. Ethel, avertie des rumeurs qui courent sur son mari et sa belle-sœur, qu'elle a toujours détestée, affiche l'indifférence : « On n'y peut rien. Il passe beaucoup de temps avec la veuve ; et après ? » Jackie n'ignore rien des ragots qui circulent. Elle les alimente même en embrassant Bobby en public, et en le prenant par la main. « Vous n'avez pas idée de la solitude dans laquelle je baigne », avoue-t-elle à Nancy Tuckerman. En fait, elle finit par se reposer sur lui en tout. Il est possible qu'elle envisage de lui demander d'adopter Caroline et John-John. Il est donc naturel qu'elle se démène pour aider Bobby dans sa campagne électorale, lorsqu'il brigue le siège de sénateur de New York, puis en 1967-1968, au cours des primaires présidentielles. Elle l'autorise même à mettre Caroline et John-John en avant pour servir ses ambitions politiques.

On devine d'ailleurs l'énorme influence de Robert lorsque, dans une lettre à un proche, elle évoque la nouvelle vie de ses enfants : « L'été prochain, à Hyannis Port, John va faire de la voile avec Ted, sur le bateau préféré de Jack. Ça aussi ça va l'aider. Bien des petites choses le rapprochent de son père. A l'école, il est de règle que les enfants, même à l'âge de John, portent une chemise et une cravate en classe. C'est très bien. Je vais essayer de lui faire porter l'épingle de cravate de son père... Je ne veux pas que les enfants soient deux gamins qui habitent 5e Avenue et qui vont dans des écoles chics. Il y a tellement d'autres choses dans le monde que le cocon dans lequel nous vivons. Bobby leur a parlé de beaucoup de choses comme, par exemple, des enfants d'Harlem. Il leur a parlé des rats et des horribles conditions de vie qui peuvent exister au milieu d'une cité riche. Il leur a parlé des vitres cassées qui laissent entrer le froid et John en a été tellement ému qu'il a dit qu'il allait travailler et donner l'argent qu'il gagnerait ainsi pour remettre des carreaux aux fenêtres de ces maisons. A Noël dernier, les enfants ont fait un tas de leurs plus beaux jouets et les ont donnés aux pauvres. Je veux qu'ils sachent ce qu'est la vie dans le reste du monde, mais je veux aussi pouvoir les protéger quand ils en ont besoin, pouvoir leur offrir un refuge dans lequel ils puissent se mettre à l'abri quand il leur arrive des choses qui n'arrivent pas nécessairement à d'autres enfants. Par exemple, Caroline a été renversée par une foule de photographes quand je l'ai emmenée à la montagne pour lui apprendre à faire du ski. Comment expliquer cela à un enfant ? » Autant Caroline, très réservée, lui ressemble, autant son jeune fils, beaucoup plus sociable, se fait des amis immédiatement et semble d'une maturité surprenante pour son jeune âge.

Bobby apparaît aussi à ses côtés dans l'affaire du livre signé par William Manchester. C'est pourtant Jackie elle-même qui l'a choisi à l'origine pour écrire une version officielle de l'assassinat. Deux ans de travail sont nécessaires à cet universitaire auquel elle accorde dix heures d'interview. Quand Manchester, au printemps 1966, apporte enfin son manuscrit terminé, Jackie (qui n'a jamais voulu lire l'ouvrage dans son intégralité) s'affole au récit que d'autres lui en rapportent, et menace Manchester de procès. Les passages qui la préoccupent sont surtout affaire de bon goût : la description de son mari se promenant en caleçon avant de se mettre au lit, l'application de Jackie à chercher ses rides devant le miroir ou la difficulté d'ôter l'alliance sur le cadavre de John. Elle ne veut pas la moindre allusion au fait qu'elle fume cigarette sur cigarette ou qu'elle recourt à la boisson pour oublier l'assassinat. Elle accuse enfin l'auteur d'avoir abusé d'un moment où « les digues étaient ouvertes ». « J'avais parlé inlassablement de questions personnelles, explique-t-elle. Puis cet homme est parti et... il a mis tant de choses dans ce livre, des choses qui ne regardaient que moi, qui sont seulement l'expression de mon chagrin... et Caroline que je ne veux pas voir figurer là-dedans... »

Bobby se précipite donc à la rescousse, intente un procès, fait interdire la publication des « bonnes feuilles » dans *Look* et prend fait et cause pour sa belle-sœur, expliquant qu'il veut simplement défendre son sentiment de décence et de bon goût. Après maintes pressions, l'auteur consent à réécrire plusieurs chapitres et à supprimer certains détails, de sorte que les Kennedy retirent leur plainte. L'auteur se voit toutefois contraint de restituer les bandes enregistrées de Jackie qui, tel un document présidentiel ou royal, sont mises sous clef à la Bibliothèque Kennedy, pour n'être rendues publiques que dans cinquante ans.

Peu à peu, à l'exception de Bobby, elle prend ses distances vis-à-vis du reste des Kennedy. Elle veut surtout élever ses enfants loin de l'éthique particulière de sa belle-famille. L'atmosphère de Hickory Hill (qualifiée par Malraux de « délicieusement hellzapoppinesque ») l'étouffe. Tous ses amis la poussent à s'installer définitivement à New York : la cité est assez grande pour qu'elle y passe inaperçue. Elle effectue plusieurs voyages dans la ville pour chercher un appartement, avec sa sœur Lee. Chacune en trouve un à sa guise dans la 5e Avenue.

Celui de Jackie au n° 1040 compte huit pièces sur la façade et donne sur la 5e Avenue, dominant le parc. Acheté 200 000 dollars, il est au 15e étage et possède un ascenseur privé. Un long couloir dallé de marbre blanc à carreaux noirs conduit aux chambres des enfants qui communiquent avec celle de leur mère – lit à baldaquin, tissu beige, aux murs beaucoup de gravures indiennes ramenées de son voyage officiel aux Indes –, une bibliothèque avec télévision, un canapé de cuir fauve devant la télévision, un grand salon : trois canapés recouverts de perse à fond blanc devant une grande cheminée de marbre, des meubles Louis XVI, des fleurs à foison. Dans un coin, son « atelier de peinture ». Dans la salle à manger, une table ovale qu'on peut étirer pour une vingtaine de personnes, des sièges Louis XVI, des tableaux et des gravures, des vases chinois et sur le marbre d'une commode deux merveilleuses épées au fourreau de nacre et d'or enrichi de diamants, souvenirs du Pakistan.

A New York, elle tente de vivre comme les autres mères de la 5e Avenue, en conduisant elle-même ses enfants à l'école ou en faisant du cheval à Central Park. Son idolâtrie pour la mémoire de son mari restant intacte, ses enfants baignent en permanence dans le souvenir de leur père. C'est en hommage à John qu'elle les emmène en vacances pour un mois en Irlande. Ses amis de la High Society new-yorkaise organisent à son intention de petites soirées sophistiquées pour l'aider à surmonter sa dépression. Elle dîne avec Marlon Brando (Christopher Andersen va même jusqu'à affirmer qu'ils auront une liaison), déjeune avec la princesse Margaret et lord Snowdon, prend le thé avec Rudolf Noureev et commence de plus en plus souvent à assister aux « Premières » à Broadway. Sa sœur Lee organise quelques parties en son honneur. On y voit des auteurs (comme Truman Capote), des compositeurs (Bernstein, Menotti), des politiciens, d'anciens collaborateurs de son mari, des Kennedy et les amis intimes. On dîne par petites tables et un orchestre fait danser tout ce beau monde.

Des amis de John l'escortent souvent dans ses allées et venues, tels John Kenneth Galbraith ou Arthur Schlesinger. On la voit de plus en plus souvent avec lord Harlech, ancien ambassadeur du Royaume-Uni aux Etats-Unis, ou aux côtés de l'élégant Roswell Gilpatric. Les rumeurs vont bon train – ce à quoi la mère de Jackie réplique par un énergique : « Elle ne se remariera jamais. » Or, un autre homme devient de plus en plus présent dans sa vie, même s'il fait preuve pour une fois d'une parfaite discrétion : Aristote Onassis. Mais elle a du mal à sortir de sa dépression. Un proche se souvient d'une promenade avec l'ex-First Lady : « Jackie avait l'air si malheureuse que j'étais troublé et entendais à peine ce qu'elle disait. Elle avait une sorte de foulard noué sur la tête, pas une once de maquillage, les yeux rouges, le visage gonflé... Elle venait de pleurer, j'en suis certain. »

Jackie est certes le point de mire de toute l'Amérique. Depuis cinq ans, elle arrive en tête des sondages comme la femme que les Américains admirent le plus. A cette époque, tout ce qui naît en Amérique d'important, de prestigieux (bateaux, buildings, ponts, autoroutes, théatres, opéras) réclame sa présidence honoraire. Pas une « Première » d'importance où on ne désire sa présence. On rend hommage à John Kennedy à la moindre occasion : de l'aéroport de New York (le plus important du monde) jusqu'au Cap Canaveral devenu le Cap Kennedy. Il ne se passe pas un jour sans que la télévision ou la radio ne cite ou n'évoque John Kennedy, sans qu'un film ou court métrage ne lui soit consacré, sans qu'un livre ne paraisse, écrit par un de ses collaborateurs, sans que des magazines ne publient sa photo... Dans les boutiques, les souvenirs du président se vendent par milliers : des bustes de toutes tailles, des assiettes, des cendriers, des cuillères, des tableaux de valeur artistique discutable où il est peint avec Abraham Lincoln, des écharpes, des mouchoirs, des salières en porcelaine, assis sur son fameux rocking-chair, des extraits de ses discours reproduits sur toile, sur bois, sur parchemin pour abat-jour, sur métal pour le jardin, des puzzles (mille morceaux pour faire son portrait géant)... Le culte Kennedy commercialisé, puéril et sincère. Il faudrait, pour porter les rites de culte et cette vie avec une ombre, pour être jusqu'à la fin la prêtresse qui entretient la légende, une Romaine...

Elle continue avec persévérance à élever ses deux enfants, dans le culte de leur père. Lem Billings se souvient du comportement touchant des deux demi-orphelins, notamment de la façon déconcertante avec laquelle John-John demande au tout-venant : « Voulez-vous écouter mon père ? » avant de brancher l'enregistrement d'un discours de Kennedy qu'il conserve avec son tourne-disques. Il y a aussi l'application avec laquelle Caroline, plus marquée encore par le souvenir de John F., collectionne les timbres, pièces de monnaie et autres objets rehaussés par le portrait paternel. A sa confirmation, elle se choisit d'ailleurs le nom de « Joan » à cause de Jeanne d'Arc : « Elle a été assassinée comme papa. »

Lorsque Robert Kennedy annonce son entrée en course pour la présidence, Jackie rédige immédiatement un communiqué de presse : « Je serai toujours avec lui de tout mon cœur. Je le soutiendrai toujours. » C'est pour Bobby qu'elle accepte de venir à Atlanta aux obsèques de Martin Luther King (assassiné à Memphis), afin d'apporter son soutien à la veuve du pasteur noir. C'est pour lui qu'elle s'engage publiquement dans la campagne électorale. Elle surmonte sa répugnance pour les médias et assiste à plusieurs meetings où les foules se battent, arrachent les boutons de manchettes de Bobby, s'accrochent à un symbolisme complexe en cherchant à toucher le mythe Kennedy lui-même. De plus, son inimitié de toujours pour Ethel ne fait qu'empirer. Un soir, où toute la campagne s'est bien déroulée, Jackie s'exclame : « Ce serait merveilleux si nous retournions à la Maison-Blanche ! » Ethel lui jette un regard glacial : « Que voulez-vous dire par *nous* ? », puis sort de la pièce. Bobby hausse les épaules et la suit, laissant Jackie seule et mal à l'aise...

Mais, le 5 juin 1968, Robert Kennedy est abattu par Shiran Shiran dans l'*Ambassador Hôtel* de Los Angeles, alors qu'il vient d'apprendre sa victoire aux élections primaires de Californie. Dès qu'elle connaît la nouvelle à New York, Jackie part immédiatement pour Los Angeles assister aux longues heures d'agonie de son cher Bobby, aux côtés d'Ethel. Quand tout est fini, elle s'effondre. Les deux veuves réconciliées par la douleur organisent les obsèques : messe de Requiem à Saint-Patrick (où Leonard Bernstein compose un émouvant programme musical). Puis la réunion de toute la famille prenant le train funéraire qui serpente lentement jusqu'au cimetière d'Arlington. Le petit John-John, frappé par la relation entre cette nouvelle tragédie et l'autre, dont il se souvient si bien, demande alors à son jeune cousin Christopher, fils de Robert, si son père continuera d'aller à son bureau au Sénat. « Oh, oui, répond Christopher. Il est au ciel le matin et il va au bureau l'après-midi. » Privée du soutien moral de son beau-frère, Jackie se sent vulnérable. Le cauchemar de Dallas recommence. Un collaborateur de Kennedy raconte qu'elle fait une crise d'hystérie en criant : « Je déteste ce pays. Je ne veux plus que mes enfants vivent ici. S'ils ont décidé de tuer tous les

Kennedy, mes enfants sont parmi les cibles. Je veux m'enfuir de ce pays et pour toujours... »

Avec la disparition tragique de Robert Kennedy, l'univers sécurisant de Jackie s'effondre ; de plus, quelques semaines plus tard, Robin Douglas-Home, son meilleur ami, âgé de trente-six ans, se suicide dans sa propriété du Sussex en avalant des barbituriques. Tourmentée par la peur et la violence, elle se tourne vers le seul ami, le seul homme qui puisse lui offrir la protection et la sécurité dont elle a tant besoin : Onassis. Son union avec lui va être un refuge et une gifle à ceux – Kennedy ou autres – qui ont tenté de faire d'elle « une sainte veuve » parce que ce cliché convenait. Il s'agit aussi pour elle de se libérer d'une « oppression obsessionnelle » à l'égard d'elle-même et de ses enfants. L'héroïne de tragédie est fatiguée de porter le masque, les vêtements du deuil, les stigmates du souvenir et, tout à coup, préfère s'asseoir dans la chronique plutôt que de rester droite à la place exemplaire que l'Amérique lui a faite dans son histoire.

Une autre raison de taille explique le revirement : l'insécurité financière. On estimait à 1 890 646,45 dollars la fortune de John à sa mort (environ 20 millions de dollars en 1998) sans tenir compte de quelques millions supplémentaires placés au nom de sa femme et de ses enfants. Les documents de Ted Kennedy, l'un de ses exécuteurs testamentaires, montrent qu'il avait près de 114 000 dollars sur ses divers comptes en banque et qu'il possédait 715 239,23 dollars en actions et obligations. Le solde se composait d'hypothèques, billets à ordre et espèces (116 377,37 dollars), de la valeur estimée de ses droits d'auteur (275 000 dollars), de « divers biens personnels et intangibles » (1 009 814,85 dollars), de 21 615,23 dollars d'un legs testamentaire au nom de son frère décédé, Joe Kennedy junior, d'un autre legs au nom de sa défunte sœur Kick et de 557 341 dollars qui représentaient sa part dans l'entreprise contrôlée par les Kennedy, la « Merchandise Mart » de Chicago. Tout cela ne faisait pas de Jackie une femme riche. Elle toucha un peu moins de 70 000 dollars – salaire de novembre de son mari, retraite de la Navy et prime de décès des hauts fonctionnaires. Le reste, 10 millions de dollars environ, était immobilisé en deux fidéicommis pour la veuve et ses enfants. Jackie allait toucher le revenu de l'un des deux fonds (environ 175 000 dollars par an) et la retraite de veuve de président (10 000 dollars par an). Pour Jackie, qui n'a jamais été précisément économe, c'est loin de constituer une sécurité financière à long terme. Elle se rend compte que ses ressources sont limitées, s'inquiète de son avenir et veut trouver une solution : l'armateur grec Onassis tombe à pic !

X

L'EMPIRE GREC

QUAND, le 17 octobre 1968, Nancy Tuckerman rend public, à New York, le remariage de Jackie par un bref communiqué : « Mrs Hugh D. Auchincloss m'a demandé de vous dire que sa fille, Mme John F. Kennedy, a l'intention d'épouser Aristote Onassis dans le courant de la semaine prochaine », la surprise est immense.

« Jackie, comment pouvez-vous ? » titre un journal suédois, tandis qu'un commentaire de télévision va même jusqu'à dire : « C'est comme si John était assassiné une seconde fois ! » ; le *New York Post* résume quant à lui l'opinion de l'Amérique profonde en écrivant : « C'est un étranger, il est vieux, il est indécemment riche. Il a les sombres apparences d'un vilain de la mafia à la télévision. Pendant cinq ans le monde a admiré l'élégance, le charme et la beauté de Mrs Kennedy. Mais maintenant Jacqueline nous déçoit. Du fond de nos prières, nous lui souhaitions un prince. Mais maintenant elle a choisi un homme comme "un très brillant pirate". Nous avons souffert avec Jackie, nous avons admiré avec quelle fierté elle avait émergé de la longue et sombre nuit de son drame. Pendant cinq ans, elle a été la jeune reine de l'Amérique. Mais maintenant elle a trahi l'image que nous avions d'elle, d'une rose qui fleurissait dans les profondeurs de notre cœur... »

Seul Romain Gary, dans *Elle*, plaide la cause de Jackie : « Le cas de Jacqueline Onassis me passionne parce qu'il jette une lumière frappante sur un des aspects les plus curieux de notre civilisation : la fabrication par l'opinion publique, en collaboration avec les médias, de mythes et d'images d'Epinal n'ayant souvent que fort peu de rapport avec la réalité. La Jacqueline Kennedy telle que le monde entier la racontait n'a jamais existé. Jeune fille enjouée de la haute société américaine, elle avait épousé un homme jeune, de son milieu, beau, extrêmement riche, qui "se trouvait" être – j'insiste là-dessus – aussi un politicien. Au moment de leur mariage, le sénateur Kennedy était plus un play-boy qu'un homme politique ; on exige d'elle d'être une veuve admirable, fidèle jusqu'à la mort à la grandeur tragique du destin Kennedy. Rétroactivement, son ménage devient, aux yeux du monde assoiffé de beauté exemplaire, une image du bonheur brisé par la fatalité. Fidélité au mort, fidélité au clan Kennedy, fidélité à l'image d'Epinal que nous nous sommes fabriqués. Nous exigeons d'elle d'être "à la hauteur" pour notre plus grande satisfaction morale. Lorsqu'il s'agit des autres, rien n'égale notre soif d'histoires exemplaires. Elle avait envie, la petite marquise, de crier zut ! à tous ceux qui ne vont plus guère voir Racine et Corneille au théâtre, qui bâillent à Shakespeare, mais que "la beauté des grands malheurs" continue de fasciner.

Evidemment, il y a Onassis. Pourquoi Onassis ? Qu'il me soit d'abord permis d'avouer ici – mea-culpa – que je n'arrive pas à éprouver pour Onassis ce mépris bien-pensant que tout le monde, plus ou moins, se plaît à afficher aujourd'hui, peut-être pour se donner à bon compte une supériorité de "qualité" sur l'homme à milliards. Tout compte fait, je préfère un vendeur de cigarettes dans la rue, parti pieds nus de Turquie pour devenir un milliardaire, à un fils à papa, "contestant" ou non, et même à un lord porté par la puissance paternelle et la force de la tradition à ces sommets sociaux qui lui "reviennent de droit". Nous n'avons pas le droit de juger un homme en fonction de sa pauvreté ou de ses milliards. Nous sommes tous des "parvenus" de quelque chose : ceux, du moins, qui ont fait quelque chose de leur vie. Certes, notre Grec était ou est propriétaire du Casino de Monte-Carlo, mais le prince Rainier et ses ancêtres l'étaient également. Que faites-vous donc lorsque vous êtes une adorable marquise qui aime le soleil, la mer, les voyages, qui a soif d'insouciance et qui surtout, surtout ! en a assez de tragédie grecque ? Vous épousez un Grec sans tragédie. Prenez la grandeur de l'Histoire, le mythe, le sang, le sérieux, et cherchez exactement le contraire de tout cela : vous risquez fort de tomber sur Aristote Onassis. Vous avez vécu dans l'ombre d'un homme très puissant : vous choisissez un homme également puissant, mais qui, lui, vivra dans votre ombre. Vous n'avez jamais été une femme choyée : votre illustre mari avait autre chose à faire. Vous épousez donc cette fois un homme qui jettera toute son immense fortune à vos pieds, pour qui vous êtes le couronnement triomphal, inespéré, fou, d'une vie de "parvenu". Il va faire de notre adorable marquise une véritable reine... »

Dans *Les chênes qu'on abat*, André Malraux rapporte une conversation qu'il eut avec le général de Gaulle en novembre 1963, à son retour de Washington où il avait assisté aux obsèques du président Kennedy. Le ministre de la Culture évoque l'intelligence et l'habileté de la jeune femme : « C'est une femme courageuse et très bien élevée, lui répond de Gaulle. Quant à son destin, vous vous trompez : c'est une vedette, et elle finira sur le yacht d'un pétrolier... » La boutade prophétique du chef de l'Etat français trouve donc cinq années plus tard sa confirmation. Pourtant, le choc que provoque l'annonce de ce mariage est d'autant plus fort que personne dans l'opinion publique n'a imaginé qu'un lien étroit pouvait un jour lier celle qui a été la Première Dame des Etats-Unis la plus adulée à un parvenu méditerranéen de 29 ans son aîné, père de famille divorcé, aussi riche soit-il...

Les journalistes se penchent soudainement sur la vie mouvementée du « fiancé ». Aristote Socrate Onassis est né le 20 janvier 1900 (« Ari » s'est souvent ingénié à brouiller les pistes quant à l'année exacte) à Smyrne. Il se montre un élève doué pour les langues, inscrit dans une école religieuse, encouragé par son père Socrate, propriétaire d'une agence d'import-export, qui inculque très vite à son fils les ruses du commerce. Au cours de l'été 1922, les bandes nationalistes turques parviennent à reprendre Smyrne, ville gréco-turque sur l'Egée. Les Grecs de 17 à 40 ans sont enfermés dans un camp de prisonniers. Trois membres de la famille d'Aristote y trouvent la mort. Un général des troupes de Kemal Pacha fait de la villa familiale Onassis sa résidence et le jeune garçon, malin et zélé, parvient à obtenir des papiers qui lui permettent d'entrer et sortir du camp facilement. Dès le début, Aristote prouve qu'il est capable de prendre son destin en main, quelles que soient les circonstances. Ainsi, en 1923, il décide d'émigrer et de quitter la Grèce sur le *Tommaso di Savoya* à destination de l'Argentine. En chemin, il aperçoit Monte-Carlo depuis le pont du bateau d'émigrants qui l'emmène vers sa nouvelle vie. L'ironie de la vie fera bien les choses. Arrivé à Buenos Aires avec 60 dollars en poche (300 F), il trouve d'abord une place de téléphoniste de nuit au standard d'une compagnie anglaise.

Mais, voulant faire fortune, il décide d'appliquer immédiatement un principe essentiel : « Etre sans cesse en mouvement, avoir des idées, les mettre en action immédiatement. » Il veut ainsi introduire le tabac oriental en Argentine (les fabricants locaux utilisant du tabac cubain). Il emprunte vingt mille dollars à la First National City Bank, et en important tabacs turc et bulgare, fait monter leurs actions sur le marché du tabac de 5 à 30 %. Il gagne vite 200 000 dollars.

En 1931, le gouvernement grec consacre son influence dans les sphères du commerce en le nommant vice-consul de Grèce. Quoique le tabac demeure le fondement de sa fortune, les bateaux intéressent de plus en plus Onassis. Dès la fin de l'année 1931, ayant déjà amassé son premier million de dollars, il se rend à Londres, le pivot des affaires maritimes mondiales, où réside une fort ancienne communauté d'armateurs grecs.

A cette époque, la marine marchande hellène est encore une affaire de famille dirigée comme une petite boutique. Les propriétaires sont des hommes circonspects qui évitent la publicité et les hypothèques. Ils préfèrent des bénéfices raisonnables et des méthodes financières traditionnelles. Or, en 1931, lorsque Onassis décide d'acheter six cargos à la Canadian Steamship Company (compagnie en pleine crise financière) pour seulement 120 000 dollars, il ne peut pas prévoir que les vingt-cinq prochaines années vont représenter l'âge d'or du transport maritime à cause de la guerre d'Ethiopie, de la guerre civile espagnole, de la Seconde guerre mondiale, du plan Marshall, de la guerre de Corée, de la guerre d'Indochine et de la crise de Suez.

Les nations vont développer un extraordinaire besoin de navires et les plus vieux rafiots se mettre à rapporter des intérêts mirobolants. Non content de profiter de cet élan suscité par les événements, Onassis jette dans son affaire quelques idées modestes mais bonnes : « Il ne faut pas être un génie, explique-t-il, pour comprendre que plus le véhicule est grand, plus bas est le coût du transport. » Peu avant-guerre, le plus gros pétrolier atteint 12 000 tonnes. Onassis est considéré comme un dangereux visionnaire quand il annonce qu'il va faire construire un navire de 20 000 tonnes.

En 1939, il possède 8 millions de dollars (soit 37,3 millions de dollars actuels). Beaucoup d'armateurs qui l'ont méprisé à ses débuts commencent à l'inviter à dîner et à lui présenter leurs filles à marier. En 1943, Strauros Livanos l'attire dans son appartement de New York et lui présente ses deux filles. Et, le 28 décembre 1946, Onassis, âgé de 46 ans, épouse la cadette aux yeux noisette, Athina (Tina), âgée de dix-sept ans. Un an plus tard, Niarchos, armateur sur le chemin de la fortune, va épouser Eugénie, la sœur aînée de Tina. Une rivalité spectaculaire et homérique commence entre les deux beaux-frères ; et le match permanent qu'ils se livrent pour un tonnage de plus en plus gros et une excentricité de plus fait dire à papa Livanos : « Mes filles ont épousé deux enfants. » Comme les chefs d'Etat de deux gouvernements hostiles, Onassis et Niarchos paient des détectives pour obtenir l'un sur l'autre des rapports qui les informent mutuellement sur tous les sujets, de leurs activités commerciales jusqu'à leurs nombreuses maîtresses.

Prodigieusement combatif, instinctif et rusé comme un renard, Onassis aime se heurter à ceux qui sont plus grands que lui. Tina se plaint un jour « qu'il est toujours en état de guerre avec quelqu'un ». Il se bat ainsi avec le gouvernement américain (inculpé par un grand jury fédéral d'avoir violé les lois maritimes, il doit payer une transaction de 7 millions de dollars pour que les poursuites soient abandonnées), les autorités en Arabie Saoudite, au Pérou, au Chili, en Equateur, avec les intérêts mondiaux du pétrole ou avec le prince Rainier pour le contrôle de la Société des Bains de Mer de Monaco. Même s'il n'en sort pas toujours vainqueur... « L'acceptation de tous ces défis, explique-t-il, a été dure et dangereuse ; elle a coûté cher et je remercie le Bon Dieu d'avoir été capable de me payer et d'avoir toujours eu un bon estomac. »

Tandis qu'au cours des années 50, les plus hautes espérances d'Onassis sur le plan social se concrétisent et que cet alliage de bon sens, de charme et de mystère qui l'a rendu milliardaire en fait une célébrité, son union avec Tina est plutôt chaotique. Celle-ci parle bientôt de son mari comme « du vieux », et Ari range sa femme à côté de leur fils Alexandre et de leur fille Christina sous le vocable de « ses trois enfants ». Onassis est, en fait, un vrai gosse, capable de conquérir le monde et incapable de résister à l'attrait du plaisir. Tina fait de même. Mais si son infidélité chronique ne blesse pas Ari, elle touche son amour-propre. Entre Saint-Moritz et New York, Monaco et Londres, Paris et leur yacht le *Christina*, la vie mondaine reste la passion de la jeune femme. Leurs voyages permanents masquent leur désunion. Ils ne se réunissent plus que pour les occasions où ils doivent jouer les hôtes rayonnants. Car, alors même qu'elle sait évanouie la perspective d'une vie commune heureuse, Tina veut encore voir Onassis s'imposer aux yeux des gens qu'elle admire le plus. Elle ne cesse de l'encourager dans son ascension sociale, lui répétant : « Si tu veux qu'on t'estime, fréquente des gens estimables. »

Ainsi, le *Christina* va devenir le rendez-vous préféré des gens riches et célèbres : Sir Winston Churchill en tête, Cary Grant, Margot Fonteyn, Greta Garbo, Richard Burton et Liz Taylor jusqu'à Maria Callas. La « Prima Donna » du siècle, Onassis la rencontre pour la première fois à Venise en 1957, lors d'un bal donné en son honneur. Les deux Grecs les plus célèbres du monde vivent un coup de foudre et se revoient au fil des mois, jusqu'au 22 juillet 1959 où le *Christina* quitte Monte-Carlo avec à son bord Onassis et Maria Callas. Tina et l'époux de la Callas, Meneghini, sont aussi du voyage. Croisière où les passions bouillonnent sourdement. Pour la Callas, c'est le besoin de ne plus vivre uniquement pour son art, la volonté de ne plus réfléchir, un besoin de passion sensuelle. Pour Onassis, hanté par les angoisses d'une ménopause masculine, solitaire et pressé, rien ne doit freiner le cours des événements.

En 1960, Tina obtient le divorce en Alabama pour cruauté mentale et épouse seize mois plus tard le marquis de Blandford, parent de Churchill. Dix ans après, comme dans une tragédie grecque, et dix-huit mois après la mort de sa propre sœur, elle épouse finalement son beau-frère : Niarchos, le grand rival d'Onassis. Onassis, qui dès 1960 s'affiche ostensiblement avec Maria Callas, traverse alors une love-story marquée de hauts et de bas avec la chanteuse. Passion orageuse, aussi tumultueuse par sa violence que par ses élans de tendresse. Onassis a un besoin vital de cette Grecque aussi charismatique que lui, victorieuse comme lui de ses origines obscures, à force de travail et d'acharnement.

Pour elle, il achète l'île de Skorpios, parfaite image de son opulence féodale. Il lui promet souvent le mariage et Maria, qui attend, cherche des consolations dans son travail surtout lorsque Onassis lui inflige des affronts. Ainsi, dès 1962, la princesse Lee Radziwill, sœur cadette de Jackie, s'éloigne quelque peu de son mari. Toute la jet-society prétend qu'elle est follement amoureuse de l'armateur. La Callas la considère comme la plus dangereuse de ses concurrentes. Mais, c'est en fait l'aînée, Jackie, qui va s'avérer la grande rivale et obtenir le mariage. Amère et lucide, la « Prima Donna » déclare alors : « Il est possédé par les femmes célèbres. Je l'ai obsédé parce que j'étais célèbre ; ensuite, ce fut Jackie et sa sœur, elles l'ont obsédé et sont encore plus célèbres. » Façon tacite de reconnaître le vrai mobile de cet homme d'aventures qui va remporter un succès de plus en associant son orgueilleux destin à celui de la femme la plus célèbre du monde.

La première rencontre entre Ari et Jackie a donc lieu au cours de l'hiver 1957-1958. Selon Doris Lily, le jeune sénateur Kennedy, sa femme et l'armateur grec assistent à un dîner à Washington. Quelques mois plus tard, à la fin de l'été 1958, le jeune couple, qui se trouve au Cap d'Antibes auprès de Joseph Kennedy, est invité à bord du *Christina*, ancré dans le port de Monte-Carlo, pour un cocktail donné en l'honneur de Winston Churchill. Tandis que le vieil homme d'Etat accapare l'attention du futur président des USA, Aristote fait visiter le *Christina*, encore plus net et plus brillant qu'à l'accoutumée, à Jacqueline. Son talent, son allure et sa jeunesse séduisent l'armateur qui plus tard confiera à Constantin Gratsos : « Il y a quelque chose de sacrément prémédité chez elle, quelque chose de provocant chez cette dame. Elle a une âme charnelle. » En prenant congé de son cicérone, la jeune Américaine déclare en toute simplicité : « Je suis tombée amoureuse de votre bateau. » Son mari est moins enthousiaste sur sa rencontre avec Churchill : « Il t'a peut-être pris pour un serveur », dit-elle à John en veste du soir.

Plusieurs années s'écoulent avant que les circonstances remettent Jackie et Ari en présence. Un nouveau lien les unit lorsqu'ils se revoient, car Lee a fait, dans l'intervalle, de longs séjours à bord du *Christina*. Jackie, retenue à Washington par ses obligations, a dû envier la fête perpétuelle qu'est la vie d'un membre de la jet-set en Europe. Une nouvelle rencontre avec Ari se tient à Washington en octobre 1961. Le président américain reçoit l'armateur grec et Jacqueline boit un whisky en leur compagnie, mais Aristote n'est pas retenu à dîner, sa personnalité étant trop controversée pour le couple présidentiel. Le mois suivant, Jackie séjourne une partie de ses vacances dans la villa de l'armateur Markos Nomikos. Onassis vient passer quelques heures en sa compagnie et celle de sa sœur Lee. Au cours des mois suivants, Onassis et Lee apparaissent si souvent ensemble que certains journaux se demandent si « le rêve d'Onassis n'est pas de devenir le beau-frère du Président des Etats-Unis ». Cela contrarie tellement Kennedy qu'il demande à son épouse de veiller à faire mettre un terme à ces rumeurs. Lorsque meurt l'enfant prématuré des Kennedy, Onassis met aussitôt le *Christina* à la disposition de Jackie pour contribuer à son rétablissement. Celle-ci semble à la fois tentée par l'attrait du voyage et par l'envie de ramener sa sœur à la raison. Il n'est pas question que celle-ci quitte son mari et épouse Onassis.

Le 14 octobre 1963, le *Christina* embarque dans ses soutes huit variétés de caviar, les vins les plus fins et des fruits exotiques apportés du monde entier. L'équipage de soixante personnes est renforcé par deux coiffeurs, trois maîtres queux, une masseuse suédoise et un petit orchestre pour des soirées dansantes. Le navire, vaisseau de haute mer habillé comme un château de la Loire, où les cabines sont de bois précieux, les salles de bains de marbre de Sienne, avec des robinets d'or et des cheminées de lapis-lazuli, appareille pour un voyage dont l'itinéraire est entièrement à la discrétion de la Première Dame des Etats-Unis. « C'est elle le capitaine, explique Onassis à la meute des journalistes rassemblés sur un quai du Pirée, c'est Mme Kennedy le seul maître à bord. » Cette croisière idyllique est une étape décisive pour ses relations avec Onassis. Attiré par les deux sœurs, il se rend rapidement compte combien la « sensation de vulnérabilité » que lui cause Jackie lui tourne la tête. La femme du président des Etats-Unis découvre, elle, Skorpios, qu'Onassis vient d'acheter pour 110 000 dollars et, au dernier soir de la croisière, un somptueux collier de diamants et de rubis. Si les échos de cette odyssée provoquent une interpellation au Congrès américain, la Première Dame n'en a cure et glisse à l'aéroport en prenant congé d'Onassis : « Je regrette de quitter votre compagnie et votre bateau. »

Et plus bas : « Vous allez énormément me manquer. » Jackie est-elle déjà amoureuse d'Onassis ? L'un des témoins de la croisière assure « qu'il n'y avait rien entre lui et Jackie » ; mais les sœurs d'Aristote sont convaincues du contraire et le disent ouvertement à leur frère.

Quelques semaines plus tard, l'armateur est à Londres, au Club 21, quand il apprend la mort de Kennedy à Dallas. Ses pensées vont tout de suite vers Jackie. Sa première réaction est de lui téléphoner, mais il se rend compte qu'il ne pourra jamais l'atteindre. Il ne veut pas se rendre à Washington pour aller présenter ses condoléances : sa place n'est pas là. Il se contente donc d'envoyer un long télégramme. Le 24 novembre, il regagne Athènes par un avion de sa compagnie Olympic Airways. Or, son vol fait escale à Rome, en même temps que celui de la délégation du roi Paul de Grèce, qui se rend à Washington pour l'enterrement du président. Les diplomates, qu'Ari vient saluer, réussissent à le convaincre de les accompagner. C'est donc sans la moindre préméditation que le magnat se rend aux funérailles. Peu de gens remarquent sa présence dans l'immense cortège qui conduit la dépouille de Kennedy au cimetière d'Arlington. Il est l'une des rares personnes non officielles et étrangères à la famille à pouvoir présenter ses condoléances à Mme Kennedy en ses appartements privés de la Maison-Blanche. Il est aussi le seul ami à qui elle demande ce soir-là de rester auprès d'elle. William Manchester se souvient : « Jacqueline, sa sœur et Robert prirent leur repas dans le petit salon. Les autres Kennedy dînèrent dans la salle à manger familiale avec leurs convives... L'humour d'Onassis soulagea la tension générale. » Quand ils se quittent, le Grec promet de venir la revoir bientôt.

Onassis devient un visiteur assidu de la famille. « Ses visites étaient toujours bien accueillies, raconte Fred Sparks. Il apportait des cadeaux magnifiques pour tout le monde. Caroline l'avait même surnommé le Père Noël. » L'armateur use surtout de toute la psychologie dont il est capable pour aider la jeune veuve à surmonter sa douleur et ses terreurs : « Il faut vivre, répète-t-il, vivre joyeusement. C'est ce que le Président aurait souhaité pour vous. » Et, à mesure que s'étiole l'aura de la Callas et que s'abîme sa voix, l'armateur prend de plus en plus souvent le chemin de New York où il descend discrètement à l'*Hôtel Pierre*. En trois ans, il se rend plus de trente fois jusqu'à l'appartement de Jackie. Le portier note son arrivée vers 21 heures et son départ vers 23 heures. Mais l'incongruité même d'une possible liaison avec Jackie les protège des indiscrétions : comment imaginer que cette veuve si belle, si distinguée, si célèbre, soit tombée sous le charme de ce semi-gredin, si vieux, si laid...

En fait, Onassis a discerné en Jackie la faille qui lui permettra de la tenir sous sa coupe : l'envie de vivre libre, loin de l'étouffement de sa belle-famille irlandaise et le besoin, à 39 ans, d'être protégée, le désir de mener une existence à l'écart des fureurs du monde, tranquillement et somptueusement dépensière. Seuls les membres du clan Kennedy sont au courant de ces rencontres. Mais cette intimité contrarie les ambitions de Robert et déclenche quelques tensions. « Pourquoi ne l'épouses-tu pas ? » lance-t-il un jour à sa belle-sœur. Et celle-ci de répondre du tac au tac : « Parce qu'il ne me l'a pas demandé. » Mû par son instinct politique, Robert évalue le danger que représente Jackie : il n'est pas raisonnable d'attendre d'une jeune femme encore jeune qu'elle se voue éternellement à un pur et vertueux veuvage, et cette inquiétude le rend de plus en plus nerveux au fur et à mesure qu'approchent les primaires démocrates de 1968. En fait, Robert oblige sa belle-sœur à lui promettre de ne prendre aucune décision avant les élections présidentielles.

De tête-à-tête secrets en entrevues « impensables », de rendez-vous complices en rencontres discrètes, les relations de Jackie et d'Aristote prennent une tournure solide. « Elle s'y entendait dans l'art de plaire à des hommes comme Ari et le flirt faisait certainement partie de sa tactique, dira un collaborateur d'Onassis. Mais je suis sûr qu'ils n'étaient pas encore amants. » C'est au cours d'une croisière autour des Bahamas, au printemps 1967, que leurs relations changent de nature. Un marin affirme les avoir vus s'embrasser amoureusement au cours d'un pique-nique sur une plage déserte. Or, l'armateur tient par-dessus tout à éviter une révélation prématurée. A l'issue de cette croisière de dix jours, la jeune femme regagne New York et l'armateur fait de même en empruntant toutefois un autre avion.

Au cours des mois suivants, on parle beaucoup de l'idylle orageuse entre la Callas et Onassis et même de tentatives de rapprochement de l'armateur avec son ex-femme Tina. Mais celui-ci n'oublie nullement son « amie » américaine et, selon Christian Cafarakis, il la couvre de présents, lui offrant au cours de la seule période 1967-1968 : sept montres, dix-huit colliers, vingt-trois bracelets, dix-sept broches et une vingtaine de bagues. Quelques jours après l'annonce officielle de la candidature de Robert, il est à Paris et confie à John Meyer : « C'est une femme totalement incomprise. Peut-être même ne se comprend-elle pas elle-même. On la présente comme un modèle de dame convenable, pleine de constance et de toutes ces ennuyeuses vertus de la femme américaine. La voilà totalement dépourvue de mystère... »

A Pâques, Jacqueline prend l'avion privé d'Aristote pour aller passer des vacances à Palm Beach avec ses enfants, puis elle part rejoindre l'armateur sur le *Christina*. Elle arrive au petit matin, ses lunettes noires relevées sur la tête... Selon le commentaire d'un steward qui assiste à son arrivée : « Elle a l'air d'une dame qui prendrait rendez-vous chez sa manucure le jour du Jugement dernier. » Atlanta Politis, ami intime de Jackie et Onassis, confiera plus tard au peintre Mac Avoy : « Pour comprendre, il faut connaître Aristote. Vous n'imaginez pas le magnétisme, la force qui émanent de lui, et quelle est sa puissance de vitalité. Jackie vient de vivre un drame effroyable. Elle est marquée, désemparée. La voilà veuve historique. Onassis la prend en charge, la persuade de vivre, qu'elle doit vivre, qu'elle est belle, jeune... Et il l'environne, l'étourdit de prévenances, de présents et, de force, l'inclut dans son prodigieux dynamisme. Elle est lasse, sans grande résistance... Elle cède. Elle est prise au piège. Vous comprenez ? » Selon l'ancienne assistante de Noureev, « obtenir la main de Jackie, c'était tout pour Onassis. C'est la seule fois où j'ai senti de la vulnérabilité en cet homme ».

Le Grec et l'Américaine débattent donc de la question. En mettant de côté les disparités potentiellement embarrassantes d'âge, de leurs personnalités et de leur milieu, il leur faut encore affronter quelques autres casse-tête, dont celui de la religion. Mais, le 5 juin 1968, Robert Kennedy est abattu. Pour Ari, « le dernier lien est brisé ». Lasse de rester enchaînée à une famille qui semble avoir signé avec le destin un contrat sanglant, Jackie se tourne vers un homme que la fortune au contraire n'a cessé de combler. Elle veut se retirer du monde et nul mieux que son cher Ari ne saurait lui offrir le plus beau refuge, que ce soit sur son yacht, dans son île privée ou au milieu des splendeurs bien gardées de ses demeures de Paris, d'Athènes ou de Londres. Elle ressent aussi un grand soulagement à devenir, à 39 ans, la femme de l'un des hommes les plus riches de la planète. Même si beaucoup la considèrent comme une courtisane de luxe dont les faveurs vont au plus offrant, l'amour immodéré de l'argent n'est pas le facteur essentiel.

Certes, elle apprécie d'humilier sa belle-famille qui lui a rendu la vie si difficile à ses débuts. Comme le dit George Smathers : « Les femmes de la famille Kennedy avaient toujours fait sonner leur argent et étalé leur puissance devant elle. » Jackie avait trouvé le moyen de leur jeter au visage : « OK, maintenant c'est moi qui suis en mesure de vous acheter tout ce que vous avez, et même de le revendre ; qu'en dites-vous ? » Car Jackie, capable de dépenser 40 000 dollars en quelques semaines simplement en faisant du shopping, n'est pas la veuve multimillionnaire que tout le monde imagine. Ted Kennedy, délégué pour protéger les intérêts de la famille, part début août à Skorpios. « Nous aimons Jackie, commence le nouvel héritier Kennedy. – Moi aussi, je l'aime, réplique Onassis, et je veux lui assurer une vie tranquille et heureuse. » Les deux hommes finissent par tomber d'accord. Les arrangements pris à Skorpios, que l'on va retrouver en partie dans le contrat de mariage signé à New York, stipulent que Jackie recevra trois millions de dollars pour elle-même et un million de dollars pour chacun de ses enfants. Onassis prendra en charge ses dépenses tout au long de leur mariage. En échange, elle renonce au *nominos mira*, disposition de la loi grecque qui oblige le mari à mettre au nom de sa femme et de ses enfants une partie de sa fortune. Un arrangement qui ne lèse ni Christina ni Alexandre et qui révèle la solidité de ses sentiments paternels, aussi bien que l'ambivalence de son amour pour sa future épouse. La présence en Grèce de Ted, parti sans son épouse, intrigue les chasseurs de nouvelles sensationnelles. Ils comprennent vite que les relations Jackie/Aristote ne sont pas seulement mondaines ou amicales.

La première fuite a lieu dans l'entourage des Kennedy à Boston, à un moment où le problème épineux de la religion se pose. Sitôt le mariage décidé, Jacqueline l'annonce au cardinal Cushing, aumônier du clan qui l'a mariée à John et baptisé leurs enfants. Le prélat avait été tenu dans la confidence, mais en apprenant que la décision est irréversible, il se contente de lever les yeux au ciel. Le problème posé est simple : Jacqueline Kennedy, veuve du premier président catholique des Etats-Unis, veut épouser un orthodoxe divorcé. L'Eglise orthodoxe reconnaît le divorce. Or, si l'Eglise catholique reconnaît l'Eglise orthodoxe, elle ne reconnaît pas le divorce. Il peut en résulter l'excommunication de la nouvelle Mme Onassis par l'Eglise catholique, à moins qu'elle ne se convertisse à la religion orthodoxe au moment de son mariage (ce dernier point étant impensable, selon les Kennedy, pour ses enfants).

En fait, Jackie ne compte pas sur la bénédiction du prélat, mais sur sa compréhension dans l'affrontement du clan Kennedy. Il va se montrer l'un des meilleurs défenseurs du mariage, tenant tête à sa hiérarchie même. Ainsi, lorsqu'un évêque romain affirme que Jackie se met hors de l'Eglise, le cardinal Cushing lui réplique : « Cette idée de dire que Jackie est excommuniée, qu'elle est une pécheresse publique, est une absurdité. Seul Dieu sait qui est pécheur et qui ne l'est pas. » L'archevêque sait pourtant que Jackie s'est mise en situation de « pécheur public », le canon 1075 précisant que pour avoir « attenté mariage » adultère, elle a contracté un empêchement canonique. Le soutien moral du cardinal Cushing se révèle capital, puisque même Rose Kennedy s'incline devant sa prise de position. Elle déclare un peu plus tard à un journal : « Je pense qu'elle sera très heureuse. Elle menait une existence solitaire. Mon mari et moi connaissons M. Onassis depuis quinze ans. J'ai dîné avec lui cet été. Tout cela fait beaucoup de bruit. Je me suis contentée de répondre : "Nous ne faisons rien comme les autres. C'est toujours une explosion !" »

C'est donc un sentiment de déception, mélangé de tristesse et d'incompréhension qui accompagne l'annonce officielle des fiançailles. L'après-midi même, il y a foule au pied de l'immeuble new-yorkais de Jackie. On espère surprendre quelque chose ou questionner les journalistes. Et les badauds de répéter : « Elle est complètement folle ! » Lee Radziwill se montre auprès des amis et de la presse comme le meilleur avocat : « Ma sœur a besoin d'un homme comme Onassis, d'un homme capable de la protéger de la curiosité du monde. Je crois qu'elle en a assez de toujours se surveiller, de ne pas pouvoir faire un geste sans crainte d'être jugée par autrui et de ne pas pouvoir se déplacer sans être suivie, et aussi de ne pas pouvoir vivre comme tout le monde. Je pense qu'elle en a vraiment assez d'être une personnalité publique et de faire partie de la vie politique. La politique ne l'a jamais vraiment intéressée. Même pas du tout. Néanmoins, par le passé, elle a très bien su assumer ses responsabilités publiques, tout au moins il me semble. Elle le fit avec fierté et avec honneur. Mais ce n'est pas bien qu'elle soit obligée de continuer à forcer sa nature. Ma sœur est très jalouse de sa vie privée, elle est aussi très réservée. Vous pouvez traiter Onassis de tout ce que vous voudrez, mais pas de vieux, ajoute Lee. Au contraire, il est très jeune, énergique et dynamique. Il suffit de le rencontrer pour s'en apercevoir. Malgré leur différence d'âge, je suis convaincue que ma sœur sera heureuse avec lui. Le fait est que les gens ne sont pas habitués à des hommes comme Onassis qui étalent leur fortune. Les riches Européens font ostentation de leur argent. Ils veulent montrer à tout le monde qu'ils sont riches, ils veulent acheter tout ce qui se fait de bien, ils veulent s'amuser et même parfois ils éprouvent un certain plaisir à jeter l'argent par les fenêtres. Par contre, les riches Américains sont plus à principes. Ils créent des bibliothèques, ils aident des œuvres philanthropiques, ils soutiennent des mouvements politiques. C'est comme s'ils devaient se racheter pour se faire pardonner leur fortune. Les Américains ne peuvent pas comprendre quelqu'un comme Onassis. Si le nouvel époux de ma sœur avait été blond, jeune, riche et anglo-saxon, la plupart des Américains auraient été beaucoup plus heureux, je suppose. »

Le soir même de l'annonce des fiançailles, un Boeing 707 de la compagnie Olympic Airways, en partance pour Athènes avec ses 85 passagers, se met en mouvement sur son aire pour gagner la piste d'envol. Il s'immobilise soudain et les hôtesses annoncent aux passagers avec la plus grande délicatesse que le vol est annulé, qu'ils doivent détacher leur ceinture et regagner l'aérogare. Quelques minutes plus tard, arrivent devant le Kennedy Airport, plusieurs limousines conduisant Jackie, ses enfants, ses deux belles-sœurs et ses parents. Tous montent dans le Boeing vide qui s'envole cette fois-ci vers Athènes. Autrefois, il aurait fallu être un monarque pour pouvoir faire ainsi descendre des voyageurs et y monter à leur place. Aujourd'hui, il faut être Onassis et propriétaire de sa compagnie aérienne pour l'oser. C'est par cette impolitesse royale que l'opinion publique apprend la confirmation du mariage.

La presse américaine se partage en deux courants : l'un, très faible, approuve la jeune veuve ; l'autre, majoritaire, la voue plus ou moins à l'enfer avec des titres comme : « Elle n'avait pas le droit... Elle a donné un grand-père à ses enfants... Il a terni son image... Elle est sortie de l'Histoire... » Maria Callas apprend la nouvelle par la radio, comme tout le monde. Onassis n'a rien osé lui dire. Le coiffeur Alexandre raconte : « Ce soir-là, il y avait une grande réception pour fêter les 75 ans de Maxim's. Richard Burton et Elizabeth Taylor étaient invités. J'étais avec eux. Je leur ai donc demandé d'appeler Maria. Richard lui a parlé avec une très grande gentillesse, et avec Elisabeth ils sont allés la chercher. Elle s'est habillée, je l'ai coiffée, et les gens, médusés, ont vu arriver, avec les Burton, une Callas triomphante, couverte de bijoux et le sourire aux lèvres, alors qu'ils attendaient quelqu'un ruisselant de larmes. » Pour la Callas, qui n'a cru qu'à un flirt passager avec Jackie, c'est l'anéantissement, mais elle est bien trop fière pour le montrer.

Le samedi 19 octobre, l'atmosphère est à la fête sur l'île de Skorpios. Le personnel décroche des arbres les derniers photographes encore dissimulés dans le feuillage. Enfin, le lendemain à 17 h 15, la pluie arrive : c'est un bon présage pour un mariage en Grèce. Jackie porte un ensemble deux-pièces à manches longues de mousseline et de dentelle beige conçu par

Valentino. Ses cheveux sont noués par un catogan blanc. Aristote a revêtu un complet d'alpaga bleu, une fleur de citronnier à la boutonnière. Caroline a les larmes aux yeux, Christina paraît maussade. Les membres des familles Kennedy et Onassis entrent derrière eux dans la chapelle de Notre-Dame. La cérémonie est brève : les cantiques sont chantés en grec, les prières dites par l'archimandrite Polykarpos Athanassiou en grec et en anglais. Deux couronnes de rubans blancs et de fleurs de citronniers sont tendues au-dessus du couple. La cérémonie terminée, après la bénédiction et l'échange d'anneaux, les époux sortent les derniers de la chapelle sur le parvis. Les invités mélangent les traditions, jettent sur les nouveaux mariés du riz et du sucre en poudre. Des enfants et des paysannes se pressent, tendent des fleurs à Jackie et lui baisent la main.

La noce quitte ensuite le parvis et des jeeps conduisent le cortège jusqu'au *Christina*. Jusqu'à minuit, la fête bat son plein. Puis, petit à petit, les invités quittent le bateau, mais aucun ne descend du navire sans un précieux souvenir de son hôte (une montre, un bijou). Aux premières heures du matin, la mariée est assise sur les genoux de son mari et fait un gros effort pour ne pas s'endormir. La musique grecque et les rires des derniers convives emplissent encore la nuit. Le lundi matin, c'est le départ des invités des familles Onassis et Kennedy. John-John et Caroline, accompagnés de leur grand-mère et de leurs deux gardes du corps, sont les derniers à quitter l'île. Pour Jackie, une nouvelle vie commence, même si la lune de miel est de courte durée.

XI

DOLCE VITA

DANS les salons de la bonne société athénienne, les langues grecques (parmi les plus déliées du monde) vont bon train : « Onassis, disent-elles, n'a jamais aimé qu'une femme : la première, Tina, et il ne lui a jamais pardonné de lui avoir préféré un play-boy brésilien. S'il s'est affiché avec la Callas, c'est pour tuer sa douleur et venger son orgueil par un scandale aussi éclatant que possible. Mais il n'a jamais aimé la Callas, pas plus que le bel canto. En conquérant Jackie, Onassis a voulu marquer un point sensationnel dans le match qu'il livre depuis toujours à son beau-frère Niarchos. Il double Niarchos qui avait cru faire mieux en épousant la fille d'Henry Ford, en 1967. Jackie Kennedy, la veuve d'un chef d'Etat, du plus puissant Etat du monde, c'est autre chose qu'une Ford. »

Autre rumeur qui court avec insistance : les colonels grecs se préparent à proclamer la République et Onassis pourrait en être le premier président... Ce à quoi son porte-parole réplique : « Voyons, imaginez-vous un homme comme M. Onassis se contentant de fonctions honorifiques ? Non, croyez-moi, il n'y a rien au-delà de ce mariage. Rien qu'une pure affaire de cœur. » Et il est exact qu'Ari entre dans la vie conjugale avec d'aussi grandes espérances de bonheur que son épouse. Au début, la tendresse qui les unit est évidente. Le décorateur américain Billy Baldwin, invité à transformer l'aménagement intérieur de la villa de Skorpios, évoque dans ses souvenirs une soirée où, assis à côté de Jackie, il travaille à un dessin, quand le moteur du Piaggio se met à gronder dans le lointain (le Piaggio est ce petit avion amphibie qui permet à « Ulysse » de rejoindre son île). Jackie alors se dresse, prend place à l'extrémité du plongeoir du *Christina* où le projecteur situé à l'avant du Piaggio l'inonde de lumière. Pour le décorateur, l'image évoque la plénitude de *Tristan et Isolde.* L'exclamation de Jackie traduit son état d'esprit. « Il est vivant, merci, mon Dieu », dit-elle en percevant le bruit de l'atterrissage, apaisée par le retour de son bien-aimé.

L'écrivain Gore Vidal, dont on a vu les liens avec Jackie, a tenté d'analyser ce couple de prime abord étrange, dans son livre *Two Sisters* : « Onassis est dynamique et il a le goût de la protection, ce dont Jackie a besoin. Elle recherche moins une sauvegarde physique qu'une sorte d'affection paternelle. Quoique indépendante, elle est très fragile. Elle a besoin de quelqu'un qui lui insuffle une meilleure résistance. Je pense qu'Onassis la protège des attaques. Elle est peut-être plus heureuse qu'avec son premier mari... John était très infatué de lui-même et se souciait principalement de sa carrière. A la Maison-Blanche, elle n'était guère qu'une pièce de plus, une prisonnière en quelque sorte. Est-ce qu'un industriel de soixante-neuf ans peut trouver du bonheur auprès d'une attirante jeune femme de quarante ans ? La réponse est oui. » En fait, Jackie satisfait son sens inné de la protection : « Elle est comme un diamant à l'eau limpide et froide, aux arêtes tranchantes », explique-t-il. Et Onassis de conclure : « C'est un petit oiseau qui a besoin de sécurité, de liberté et qui les obtient avec moi. » Un témoin se souvient de leur complicité : « Ari cherchait à empêcher sa femme de fumer et se précipitait sur son paquet de cigarettes, dès qu'elle cherchait à s'en emparer. Elle lui donnait des surnoms grecs très tendres... »

Billy Baldwin se souvient combien la mariée paraît « rayonnante et heureuse de vivre » dans les premiers mois de son mariage. Jamais le décorateur n'a vu la jeune femme si « naturelle » ; « elle paraissait détendue et radieuse, avec une espèce d'énergie de garçon manqué ». La tâche du décorateur consiste à remettre la maison de Skorpios au goût de Jackie. Onassis laisse carte blanche à son épouse : « Je veux que cette demeure soit pour moi une totale surprise, dit-il. Je vous fais confiance, je me fie à Jackie et je ne désire pas connaître le moindre détail concernant ces transformations. » A travers la carapace d'écaille de ses lunettes, c'est le regard d'un homme amoureux prêt à satisfaire tous les caprices de sa femme.

Dès les premières semaines, le personnel du *Christina* est soumis à rude épreuve. Ainsi, Jackie demande au commandant Costas de lui procurer les journaux américains le plus tôt possible dans la matinée, pour les lire pendant son petit déjeuner. L'un des maîtres d'hôtel se souvient que depuis plus d'une semaine qu'elle était là, indiscipline inadmissible, elle se plaignait de n'avoir pu lire la presse à l'heure du breakfast. « Enfin, dit-elle au commandant, comment se fait-il que mes journaux arrivent si tard dans la journée ? Hier, je les ai eus à cinq heures de l'après-midi. » Le marin explique que ce n'est pas sa faute, que les journaux viennent d'Athènes, qu'ensuite ils passent par Corfou pour venir finalement à Lifka où un marin se rend en cris-craft. Finalement, Jackie obtient de son époux qu'un hydravion se rende à Corfou de bonne heure et que le pilote attende leur arrivée. Cet homme passe ainsi quotidiennement trois heures dans les airs afin que Jackie puisse lire la presse internationale à son petit déjeuner. Et même scénario pour avoir des croissants avec son café et ses œufs.

Autre souci matériel : dès le premier dimanche de la lune de miel, Jackie, croyante et pratiquante, veut aller à la messe. Il y a bien sûr la petite chapelle orthodoxe de l'île où ils se sont mariés mais, aux yeux de Jackie, elle n'a pas d'autre raison d'être qu'esthétique. L'église catholique la plus proche de Skorpios se trouve sur l'île de Corfou. Or, il ne faut pas moins de six heures en bateau pour aller de Skorpios à Corfou. Jackie peut évidemment s'y rendre en hydravion, mais cela cause un problème d'organisation très important. Il faut un cris-craft pour l'emmener jusqu'à la terre ferme et puis ensuite un taxi pour se rendre jusqu'à l'église. Aristote, en grand seigneur, résout l'affaire en téléphonant au directeur d'Olympic Airways à Corfou pour lui demander d'envoyer le dimanche matin un hélicoptère.

Quand Jackie ne redécore pas la villa de Skorpios ou le bateau (elle fait remiser meubles et tableaux et les remplace par du mobilier en provenance de New York), et qu'elle n'ordonne pas aux jardiniers de modifier les plates-bandes et les parterres de fleurs, elle passe son temps à écrire son courrier, à lire ou à se bronzer. Tous les matins, après avoir pris son petit déjeuner, elle fait une heure de culture physique sur le pont du bateau, mais jamais Aristote ne l'a trouvée les cheveux en désordre ou le visage baigné de sueur. Le dernier exercice achevé, Jackie se rend dans une cabine pour se maquiller. Et si, dans la journée, elle se promène pieds nus et en blue-jean, en revanche, elle revêt une robe très habillée pour le dîner. Cela est d'autant plus méritoire qu'Aristote, quant à lui, ne fait jamais – et n'a jamais fait, même au début de son mariage – le moindre effort d'élégance. Il se présente à l'heure du dîner dans la même tenue vestimentaire qu'il a adoptée pour la journée : en général, un vieux short blanc et une chemise aux manches relevées. A deux heures de l'après-midi, elle téléphone à New York afin de parler avec John-John et Caroline qui s'apprêtent à partir pour l'école. La mère et les enfants discutent environ pendant un quart d'heure.

Depuis l'automne 1968, John Jr. fréquente une école du West Side, connue pour son libéralisme. Noirs et Blancs s'y côtoient. On y voit trois petits-fils Rockefeller, le fils du chanteur Harry Belafonte et des gosses portoricains du quartier. John bénéficie, par décision du Congrès, de la protection d'un agent de sécurité : M. Walsh, un grand gars de trente-six ans à l'œil rapide. A onze ans, Caroline, elle, a repris ses classes au Sacré-Cœur de New York.

Dans les premières semaines, Jackie apprécie sa nouvelle vie grecque. L'après-midi, elle aime rouler en « minimoke » décapotée, cheveux au vent, sur les dix kilomètres de corniche de Skorpios. Le soir, elle se fait servir le thé sur une terrasse d'où l'on domine la mer à 360 degrés. Mais cette mère de famille découvre qu'elle ne peut rester éloignée de ses enfants. Elle se met donc à passer la plupart de son temps à faire des allers-retours entre l'Amérique et l'Europe. Aux vacances, elle emmène Caroline et John Jr. en Grèce, auprès de son mari, puis elle revient avec eux à New York, tandis qu'Onassis reste pour s'occuper de son empire mondial. Pendant la durée de leur mariage, les époux vont conserver ce mode de vie séparé, se ménageant des rencontres régulières sur différents continents. Finalement, ce type de contact assez lâche est idéal pour Jackie qui a du mal à supporter la compagnie de la même personne pendant un laps de temps prolongé. Avec Onassis, elle a trouvé un homme qui n'exige rien d'elle et lui laisse toute liberté pour vivre seule avec ses enfants.

Aux amis du couple qui notent que M. et Mme Onassis passent de moins en moins de temps ensemble, Ari explique : « Jackie adore les voyages, les excursions, les longues marches, les ascensions, le ski, des centaines de choses qui ne sont pas ma tasse de thé. Si j'allais partout avec elle, elle n'aimerait sans doute pas me voir toujours fermer la marche ! Je sais que, pour m'être agréable et rester avec moi, elle finirait par cesser de faire ce qui lui plaît, mais elle cesserait d'être Jackie et je ne veux pas de ça... Je me suis aperçu que plus notre séparation est longue, plus nous avons de plaisir à nous retrouver. »

Mais c'est justement cette liberté qui empêche très vite leur mariage d'être heureux. On voit mal d'ailleurs comment ils auraient pu trouver l'harmonie, étant donné la diversité de leurs entreprises et de leurs soucis. Ainsi, l'opinion d'Onassis sur sa nouvelle vie se résume en quelques mots ; interrogé sur le fait de savoir si son mariage a bouleversé son mode d'existence, il répond : « Pas le moins du monde... Que croyez-vous que j'allais faire ? » Pendant la première année, selon un spécialiste qui se penche sur l'étude de leurs voyages, ils ne passent que 225 jours ensemble.

Pendant les sept années suivantes, le couple voyage beaucoup, mais pas une seule fois il ne se rend dans un hôtel, Jackie ayant des habitudes qu'aucun palace au monde ne peut satisfaire.

Pour effacer leurs longues séparations, l'armateur se montre généreux ; il satisfait les envies de sa femme et encourage presque ses goûts dispendieux. Au cours de la première année de son mariage, on estime que Jackie dépense 1 250 000 dollars en vêtements. Elle adore courir les magasins ; Madison Avenue à New York, le Faubourg Saint-Honoré à Paris deviennent ses lieux de prédilection. Son passage dans un grand magasin produit souvent, chez les vendeuses, une réaction proche de l'hystérie. Elle choisit robes et bijoux par dizaines. Si un chemisier ou un pull-over lui plaît, elle le commande dans tous les coloris. La presse la traque partout pour donner maints détails sur son nouveau mode de vie, sa frénésie d'achats, ses bijoux somptueux. Avec ses robes de Valentino, ses toilettes de chez Halston, ses fourrures et ses bijoux, le look « Jackie O » fait fureur.

« Dieu sait que ma femme a eu ses années de soucis et de peines, explique Onassis un jour. Puisque cela l'amuse, qu'elle achète donc ce qui lui passe par la tête. » Et de justifier sa générosité : « Que ma femme dépense beaucoup d'argent n'a rien d'étonnant. Le contraire serait anormal : pensez à la réaction des gens, si Mme Onassis portait les mêmes robes pendant deux ans ou fréquentait les instituts de beauté de second ordre ; que dirait-on si elle se servait d'une vieille voiture ? On prétendrait que mes affaires vont mal, que bientôt elle serait dans la nécessité de gagner sa vie... » A José-Luis de Villalonga, l'armateur ne confie-t-il pas : « Si les femmes n'existaient pas, à quoi servirait l'argent ? »

Jackie, enivrée par sa nouvelle fortune, s'amuse comme une enfant, arborant sur sa poitrine, telle Elizabeth Taylor, les diamants, saphirs et rubis que lui offre sans compter son Crésus de mari. Relevant ses cheveux et abandonnant ses petits gants blancs de First Lady, elle exhibe son cadeau de mariage : des boucles d'oreilles de rubis en forme de cœur et une bague assortie. Pour son quarantième anniversaire, elle reçoit un diamant de quarante carats et une paire de boucles d'oreilles, qu'en raison de leur poids excessif elle va rarement porter. Onassis l'incite même à renouveler sa lingerie et à jeter ses chemises de nuit collet monté d'Elisabeth Arden. Il demande à Halston de créer une lingerie plus sexy. Il va même jusqu'à envoyer un soutien-gorge de son épouse pour donner les mensurations exactes. A Paris, Jackie passe des heures avec Mme Liliane, responsable chez Hermès du département pantalons, pull-overs et foulards et avec Mme Kart, qui s'occupe de la maroquinerie. Elle adore dessiner sur un gros bloc de papier jaune ses propres modèles de sacs ou de ceintures. Naturellement, n'ayant pas d'argent liquide sur elle, elle fait envoyer toutes les factures au bureau new-yorkais d'Olympic Airways. « Mon visage est la meilleure carte de crédit », ironise-t-elle. Pour la première fois de sa vie, elle peut faire des achats sans avoir de compte à rendre à personne. Rolls-Royce, avions privés, coiffeur personnel, c'est un vrai tourbillon de luxe qui frappe désormais sa vie.

Mais rarement des factures de fleuristes. Elle n'aime pas les fleurs coupées. Certains prétendent que cela lui évoque les gerbes de fleurs des funérailles de John et Robert. Ses amis savent qu'il vaut mieux lui offrir des plantes, du muguet ou des violettes en pots. Quand elle doit faire de petits achats au comptant, la

« patronne » s'adresse aux domestiques. Ils s'exécutent chaque fois, sachant très bien que, pour des petites sommes variant de cinq cents à mille francs, ils n'ont aucune difficulté à se faire rembourser par le comptable d'Olympic Airways. En revanche, au-dessus de deux mille cinq cents francs, Mme Onassis doit leur signer un reçu pour qu'ils soient remboursés.

En mars a lieu la croisière de printemps. En avril, ce sont les vacances de Pâques avec les enfants sur l'île de Skorpios. En général, fin mai ou début juin, Aristote et Jackie viennent à Paris pour quelques jours. Le mois suivant, ils se rendent à Skorpios pendant les vacances d'été. Caroline quitte la Grèce pour un mois avec ses cousins Kennedy, tandis que John-John et sa mère effectuent une croisière. Enfin, Noël a toujours lieu en Angleterre chez les Radziwill où Jackie et ses enfants séjournent jusqu'au premier jour de janvier, tandis qu'Aristote fête le nouvel an en Grèce, avec sa famille. Le reste du temps, Jackie le passe bien sagement dans son appartement de New York, où Onassis se montre rarement. Jackie s'excuse : les décorateurs sont au travail ou alors Caroline reçoit des amis. Son secrétariat a beau expliquer que la suite permanente qu'il conserve au dernier étage du célèbre *Hôtel Pierre* est une nécessité pour ses activités, l'existence d'un appartement parallèle donne du poids aux rumeurs sur les nombreuses clauses restrictives de leur alliance.

Aucune restriction en revanche pour les frais de décoration. « Elle est dingue de décoration », explique son époux résigné. Ainsi, l'appartement de l'armateur avenue Foch à Paris est-il totalement transformé à l'aide de la célèbre maison de la rue Royale, Jansen. Les coussins roses des chaises de la salle à manger se muent en coussins de daim. Les sofas du salon alternent daim et velours bleu et rouge ; les fenêtres se parent de rideaux à rayures vertes ; le lit Louis XVI est remplacé par un autre, sans style, mais beaucoup plus grand. Les murs des couloirs sont recouverts de papier de Chine de toutes les couleurs et, enfin, le fameux tableau de Tina accroché dans la salle à manger et qui n'a jamais bougé, même à l'époque de Maria Callas, est remisé dans une chambre de bonne. A sa place est fixée une immense toile représentant Jackie peinte par un artiste allemand. Après chaque transformation, Onassis fait la même réflexion : « Je ne me reconnais plus chez moi. » Les défauts de sa nouvelle épouse lui apparaissent de plus en plus flagrants. « Jackie est une personne qui n'a aucun sens pratique, remarque un de ses amis. Après quelques jours passés avec elle à New York, Onassis est vite arrivé à cette conclusion. »

Laissant toute la responsabilité de l'organisation intérieure à ses employés, étant bien trop prise par la visite quotidienne qu'elle fait aux magasins, aux coiffeurs, aux couturiers et aux médecins, elle ne peut organiser les petits détails de la vie quotidienne. L'une des femmes de chambre d'Onassis se souvient même de son incapacité à faire une valise. Devant défaire ses bagages Hermès, elle est étonnée un jour de la pagaille indescriptible : tout était entassé n'importe comment... Il faut pour être en ordre que les valises soient faites par le personnel. Dans tout voyage, Jackie emporte trois bagages : une valise rouge pour tous ses médicaments et produits de beauté, une autre un peu plus grande pour ses affaires de nuit et une troisième plus grande encore pour ses vêtements.

Matinale et n'aimant pas la grasse matinée, Jackie est à l'opposé de son mari plutôt couche-tard et rarement levé avant onze heures. Partout dans le monde où Aristote Onassis a un appartement, une maison ou un yacht, ses serviteurs savent qu'il ne faut pas faire le moindre bruit jusqu'au moment du lever ; interdiction de laver le pont du *Christina* avant que le « maître » n'apparaisse ! Evidemment, Jackie s'ingénie à être matinale, à faire du bruit et à le réveiller. Ce dont il a horreur. Côté alimentaire, Onassis a l'habitude de manger de la viande deux fois par jour. Son épouse n'est pas allergique aux grillades mais préfère évidemment le poisson et les salades.

Aristote accepte tous ses caprices et désirs avec le sourire, comme une chose normale. Mais, peu à peu, son exaspération enfle. Certes, toute sa vie il a été un vrai admirateur du sexe faible, mais sans jamais montrer beaucoup de patience. Des petits affrontements lui prouvent que sa femme possède une volonté affirmée qui peut entrer en conflit avec la sienne. Elle ne s'intéresse pas à la ferme qu'il a installée sur Skorpios. Elle ne dit rien, mais n'apprécie guère que, peu à peu, le personnel américain qui était à son service à New York ou Paris soit remplacé par des Grecs. Quant à lui, il l'accuse de trop céder à ses enfants et en particulier de les laisser porter des blue-jeans dégoûtants. Dans les réceptions auxquelles il se rend en compagnie de son épouse, Onassis n'en manifeste pas moins une évidente satisfaction : « Il était heureux de se tenir à l'arrière-plan et de profiter du rayonnement social de Jackie », remarque le journaliste Gardner Cowles. Mais comme Onassis le confie bientôt à José-Luis de Villalonga : « Je ne pense pas qu'un Grec puisse être tout à fait heureux dans les bras d'une "étrangère"... Tu sais comment sont les Américaines, aimant donner des ordres, exigeant le respect, décidant toutes seules de la vie du couple. C'est embêtant de passer sa vie à ouvrir des portières... »

XII

ILLUSIONS PERDUES

COMME son mariage le rend assez vite insatisfait, l'armateur grec, qui ne veut surtout pas analyser ses responsabilités dans cet échec, rejette la faute sur celle qu'il surnomme bientôt « ma dame de première classe ». Il tonitrue constamment sur ses dépenses superflues comme celle de faire porter par un service de courrier les lettres et les cadeaux qu'elle envoie. Ses achats le mettent parfois hors de lui. La veille d'un départ pour Skorpios, Jackie lui annonce qu'elle a acheté quelque chose de très joli pour décorer les cuisines de Skorpios. Onassis demande : « De quoi s'agit-il ? – De merveilleux paniers, réplique Jackie. – Ah ! » Et la maîtresse de maison d'envoyer le maître d'hôtel les chercher. Il s'exécute et revient au salon, quelques instants après, avec une dizaine de très jolis paniers. « Jackie, combien coûtent-ils en France ? – Rien : 120 francs chacun, même pas vingt-cinq dollars. – En effet, ce n'est rien, réplique Onassis avec ironie. Seulement, ils sont faits en Grèce et là-bas, on te les donne en prime avec une douzaine d'œufs ! »

Mais c'est une facture du couturier Valentino de 30 000 dollars qui met le feu aux poudres. Onassis ampute alors d'un tiers la mensualité qu'il verse à son épouse et retire de ses bureaux de New York le contrôle des dépenses, au profit du quartier général de Monte-Carlo. Cela lui permet d'exercer une surveillance plus étroite. Jackie est évidemment furieuse. Ce genre de heurts et de discussions ne contribue pas à améliorer leurs rapports. Mme Onassis décide alors de revendre en secret une partie de sa garde-robe à des boutiques de dépôt-vente. Il n'y a pas de petits profits !

Une autre source de conflits tient à la perte de toute intimité. Devenu l'un des couples les plus célèbres du monde, supplantant Elizabeth Taylor et Richard Burton pour faire la une de la presse à scandales, leurs relations avec les paparazzi sont parfois tendues. Surnommée « Jackie O » par *Women's Wear Daily*, la bible de la mode américaine, Mme Onassis les inspire. Les ménagères du monde entier, par journaux interposés, espionnent ses faits et gestes. On épie la « nouvelle Première Dame de Skorpios » avec ses soixante-douze serviteurs, la nouvelle hôtesse de la résidence d'Onassis à Glyfada avec ses dix domestiques, d'un pied-à-terre au 88, avenue Foch avec cinq domestiques, d'une hacienda à Montevideo avec trente-huit serviteurs et d'un appartement sur la 5ᵉ Avenue à New York avec quatre domestiques seulement. Le mode de vie exotique qu'on pratique à Skorpios n'est-il pas un décor digne d'un film à la James Bond ?

Une photo de Jackie nue se préparant à se baigner en Grèce en est un exemple. Quelques semaines plus tard, John K. Galbraith, pourtant un ancien chevalier servant, se permet une insolente remarque en la rencontrant dans un cocktail : « Tout habillée, je ne vous avais pas reconnue. » Excitant plus que quiconque la curiosité du grand public, entraînant dans son sillage ces mêmes hordes de fans qui traquent les faits et gestes des familles royales, Jackie est l'une des vedettes-phares des années 60 et 70. Plusieurs magazines de mode consacrent des dossiers au « Style Jackie ». Elias Lalaounis, le créateur de Zolotas à Athènes, se rappelle les fréquentes visites de Jackie à son magasin : « Elle disait que les bijoux marquent une époque et elle aimait que les siens soient originaux. Elle voulait absolument être la première à se montrer avec quelque chose de nouveau et de différent. » Claude Pompidou reconnaît à Mme Onassis ce rôle de « vitrine » : « Je la revoyais parfois. Nous allions chez le même coiffeur à Paris (Patrick Alès), et ça amusait beaucoup tout le monde de nous voir nous saluer, pleines de bigoudis. »

Le cinéma l'immortalise bientôt sous les traits de Michèle Mercier, dans un film satirique de Michel Audiard, et sous ceux assez ressemblants de Jacqueline Bisset dans *Le Grec*. Andy Warhol exécute même une série de sérigraphies où la brune Jackie s'oppose, clin d'œil du pape du pop'art, à la blonde Marilyn. Certes, la comédie et le gag affleurent parfois la vie de la nouvelle Mme Onassis, dont le caractère anglo-saxon et le sens de l'ordre s'accommodent mal des habitudes méditerranéennes de son époux. Ainsi, arrivant pour la première fois dans l'appartement de l'avenue Foch, Jackie a le choc, en visitant la cuisine, de découvrir une énorme cage pleine d'oiseaux. « Mais qu'est-ce que c'est que ça ? demande-t-elle à la femme de chambre d'une voix consternée. – Ce sont les oiseaux de Monsieur, répond l'employée. Les canaris de Monsieur. Il y en a trente. – Mais il n'est pas possible de conserver des animaux pareils dans un appartement, réplique Jackie. Ils sont porteurs de maladies, y compris la tuberculose. Je vais parler tout de suite à mon mari pour qu'il fasse enlever ces oiseaux d'ici. » Et à la grande surprise de tout le personnel qui sait Onassis attaché à ces volatiles, le lendemain, les canaris quittent l'avenue Foch et sont offerts à un oiseleur du VIIe arrondissement.

Or, de tous les Latins, le Grec est celui qui a su conserver intact le caractère excessif de la race. Obsession de la virilité, de l'autorité mais surtout besoin d'une totale indépendance d'esprit vis-à-vis des femmes en général et de la sienne en particulier. Indépendance scrupuleusement observée dans les moindres détails de la vie quotidienne, pouvant aller souvent jusqu'à la pire des mufleries. Onassis tente de faire des efforts. Ari ne s'est jamais pris pour un don juan. Il est d'ailleurs trop intelligent pour ignorer que l'argent est un puissant facteur de séduction. Passé maître dans l'art d'attirer l'attention des femmes, il sait les distraire. Il n'en est pas une qui, après avoir passé quelques heures en sa compagnie, ne convienne de ses talents d'amuseur. Mieux que quiconque, il sait raconter une histoire, faire des jeux de mots, se déguiser, danser : ses spécialités sont le sirtaki et le tango argentin. Le soir, au son du bouzouki, il adore casser des dizaines d'assiettes tandis que l'alcool coule à flots pour ses invités.

Très vite, Jackie est consternée par les fêtes qu'il donne et en a assez des continuelles ripailles à bord du *Christina*. Elle ne participe plus aux chants et aux danses qu'il adore. Elle rapporte même à ses amis qu'il a des goûts vulgaires et qu'il aime le tape-à-l'œil. Certes, dans le milieu que fréquente sa femme,

Onassis n'est jamais très à l'aise. Il est conscient qu'on se moque de ses manières, de sa façon de s'habiller et même de son argent, qu'il étale sans aucune discrétion. Il s'efforce pourtant de ne pas rire trop fort et de retenir ses mains fortes et brunes qui ont tendance à s'égarer sur les cuisses de sa femme, soudain paralysée par sa familiarité. Jackie le rabroue ouvertement.

L'une de leurs plus célèbres disputes se tient presque en public, en 1970 : deux jours après la nouvelle année, Aristote vient pour affaires à Londres où il a laissé sa femme pendant les fêtes de Noël. Jackie abandonne la maison de sa sœur et lui confie ses enfants pour rejoindre Aristote à l'*Hôtel Claridge*, où ils passent la nuit. Le lendemain, elle l'accompagne à l'aéroport et là, éclate un violent orage qui a lieu dans la salle d'attente des VIP, le Clipper Club, au premier étage de l'aéroport international. Depuis la veille, Jackie supplie son mari de rentrer à New York. Aristote refuse sous le prétexte qu'il veut se reposer quelques jours, à Skorpios. Jackie tient à son idée, elle insiste. Tout à coup, sans raison apparente, Aristote entre dans une de ses célèbres colères, frappe le sol du pied et jure qu'il en a assez de ne pouvoir faire ce qu'il veut quand bon lui semble. Du coup, Jackie lui répond qu'il a toujours fait ce qu'il voulait et qu'il n'est finalement qu'un égoïste. Aristote crie plus fort. Jackie quitte la pièce. Quelques minutes après, sans le moindre bagage, elle embarque pour New York et Aristote pour Athènes. Ils restent une vingtaine de jours sans se voir, sans même s'appeler au téléphone. Fin janvier, c'est Aristote qui fait le premier pas en appelant Jackie à New York. « Madame ne peut pas venir au téléphone, répond Martha. – Très bien. Dites-lui que j'arrive pour le week-end. » Martha va faire la commission et revient quelques secondes après au téléphone : « Madame dit que ce n'est pas la peine. Elle va passer la fin de semaine chez sa demi-sœur. » Vexé, Aristote raccroche.

Avec la Callas, Onassis déjà adorait les scènes de ménage. Lorsque les deux Grecs se querellaient, l'équipage du *Christina* au grand complet se réunissait pour écouter les insultes que la diva lançait à son amant. Les termes qui pleuvaient en ces occasions dépassaient en obscénités ceux qu'emploient d'habitude les marchandes de poissons du Pirée. La Callas, fine mouche, provoquait ces querelles aussi régulièrement que possible.

Là, pourtant, Jackie comprend qu'elle est peut-être allée trop loin et tente un rapprochement diplomatique. La pression de la presse et des paparazzi constitue une tension supplémentaire. Lors de sa première venue à Paris en tant que Mme Onassis, le personnel de son appartement avenue Foch constate qu'elle est loin de refouler les photographes de presse. Dès son arrivée, afin de la préserver des reporters, Onassis lui propose de passer par le jardin d'une locataire qui demeure au rez-de-chaussée et qui a la gentillesse de leur ouvrir cette voie pour sortir sur l'avenue Bugeaud. Car, lui fait-on remarquer, une dizaine de journalistes font le pied de grue devant le 88 de l'avenue Foch. Jackie décide de ne pas les éviter. Si elle ne pose pas pour eux, elle s'offre volontiers aux objectifs. Sauf à celui d'un photographe nommé Ron Gallela à qui elle intente un procès pour « harcèlement ». Elle demande une décision de justice qui obligerait le photographe à se tenir à plus de 100 mètres de son domicile de la 5e Avenue et à plus de 90 mètres d'elle, en quelque endroit qu'elle se trouve. La plaidante obtient en partie gain de cause. Mais aussi vigilant soit-il à préserver sa vie privée, Onassis ne semble plus guère concerné par les efforts de sa femme pour protéger sa tranquillité. Lorsque la facture des frais de poursuites engagés dans cette affaire lui est adressée, le riche armateur refuse de l'honorer en déclarant : « Je n'ai rien à voir avec cette satanée histoire. »

Le ciel bleu de Skorpios a perdu sa luminosité. Un témoin invité pendant l'été 1970 note la désillusion : « J'ai eu l'occasion d'observer Jackie de près. Curieusement, elle n'est pas vraiment jolie. Sa beauté est purement photogénique. Dès qu'elle bouge, le charme est rompu. Elle parle peu, la plupart du temps par monosyllabes et ce qu'elle dit n'est jamais original. Sa conversation ressemble à celle de n'importe quel membre féminin de la café-society. Jackie n'a pas su se rendre sympathique aux amis de l'armateur. Elle n'a pas la mémoire des noms et confond souvent les nationalités des gens qui lui sont présentés. Elle affiche un faux mépris très américain pour les titres nobiliaires, mais ne déteste pas être entourée de gens aux noms ronflants. » Feu la baronne van Zuylen, amie intime de l'armateur, fut la première à dire : « A côté de Maria Callas, cette petite femme n'existe pas. »

Jackie semble ne pas comprendre son mari. Elle ne mesure pas la dimension sentimentale de sa personnalité. Son goût de l'indépendance, qui caractérise les gens de la jet-set internationale, la grise encore, tandis que, déjà, Ari aspire à autre chose. Et elle ne prête guère attention aux secrets désirs de son mari. A Paris, noctambule dans l'âme, Onassis adore traîner dans les boîtes. *Régine* et *Castel* sont ses lieux de prédilection. Lorsque Jackie l'accompagne, elle bâille ostensiblement et reste silencieuse pendant toute la soirée. Il aime à rire bruyamment : « Don't be vulgar », lui dit Jackie à voix haute. Ce qui ne manque pas de jeter un froid entre eux. La publication dans la presse, en février 1970, de lettres intimes envoyées par Jackie à son ami Roswell Gilpatric accentue le froid. Les propos affectueux qui s'y glissent peuvent sembler ambigus. Ari part se consoler avec la Callas. Dans son esprit, il n'y a aucune raison que Jackie se montre jalouse de Maria avec qui il n'entretient plus que des relations d'amitié. Mais il veut éviter que, à chacun de ses dîners avec la célèbre cantatrice, les journaux publient des articles ponctués de désagréables sous-entendus propres à froisser la sensibilité et la jalousie de son épouse. L'armateur tient cependant à Maria et n'a nullement l'intention de cesser de la voir.

Ainsi, en mai 1970, des journalistes signalent qu'Onassis a passé quatre soirées consécutives dans l'appartement de la diva avenue Georges-Mandel et pour qu'il n'y ait aucune erreur d'interprétation, on fait savoir à plusieurs photographes de *France-Soir* et *Paris-Match* que le 21 mai au soir le célèbre duo grec a dîné chez Maxim's. Ari ne veut plus faire mystère de son rapprochement avec son ancienne maîtresse et du plaisir évident qu'il éprouve en sa compagnie. Jackie prend aussitôt l'avion pour Paris sur le conseil de son avocat et le lendemain passe la soirée en tête-à-tête avec son mari dans le célèbre restaurant de la rue Royale. Bien évidemment, des photographes immortalisent la soirée. « Pour Jackie, racontera un ami, ce souper était surtout une gifle à Maria. » Cependant, trois mois plus tard, le même scénario se renouvelle. Onassis séjourne en Grèce chez ses amis les Embiricos, où, comme par hasard, la Callas passe ses vacances. Les paparazzi sont aussi du séjour. Encore à New York, Jackie se voit contrainte de faire une rapide apparition en mer Egée. « Répondant au tocsin comme seul un dalmatien sait le faire, d'un coup d'avion, elle gagne la Grèce et rejoint Onassis et le *Christina*, pour mettre un terme aux rumeurs qui courent », dixit *Time Magazine*. La cantatrice se montre sincère en avouant à l'AFP : « Onassis est mon meilleur ami. Il l'est, il l'a été et il le sera toujours. Quand deux personnes ont été ensemble comme nous l'avons été, il y a beaucoup de choses qui les lient. Le scandale vient du fait que je n'ai jamais rencontré sa femme. Je sais qu'on n'y tient pas de l'autre côté. Franchement, je ne comprends pas pourquoi elle n'entre pas dans ma vie. Si nous nous étions rencontrées, cela aurait certainement mis fin à tous les commérages qu'on peut lire dans la presse. » Comme on lui demande si une telle rencontre ne risquerait pas de provoquer un énorme choc émotionnel, Maria secoue la tête : « Je ne sais pas. Cela dépend si l'homme en question a besoin de moi. Maintes fois, j'ai acquis la certitude qu'Onassis a besoin que je sois son amie, parce que je lui dis toujours la vérité. Il vient me voir quand il a des problèmes, car il sait que je ne les répéterai jamais et qu'il trouvera chez moi un esprit objectif. Nous avons en commun la gaieté, la loyauté et aussi des amis. »

Onassis se montre pourtant jaloux des moindres amis de son épouse. Ainsi, le photographe Peter Beard invité à Skorpios. « Peter était le fan numéro un de Jackie, dit l'un de ses amis, Porter Bibb. Il adorait traîner autour des femmes du clan ; c'était l'une de ses idées fixes. Chaque fois que je l'ai vu avec Jackie, j'ai eu l'impression qu'il lui faisait la cour et que cela ne lui déplaisait pas. » Il n'est pas étonnant que Beard se soit souvenu de cet été comme de l'un des plus agréables qu'il eût jamais vécus. Selon ses propres termes, Jackie était « d'une simplicité absolue, comme une copine de dortoir. La table était grandiose, les pique-niques fantastiques. On nageait dans le luxe.

Le Dom Pérignon coulait à flots ». Au grand dam d'Onassis agacé de régaler des pique-assiettes.

En fait, Onassis passe de plus en plus de temps séparé de Jackie. Il prétexte d'importantes affaires à traiter à l'étranger pour la laisser à New York. Quand ils se retrouvent à Skorpios, une certaine désillusion éclate. Le diplomate anglais Sir John Russell remarque une « Jackie un peu absente, de plus en plus mal à l'aise ». Ses invités affirment qu'elle fait un effort sur elle-même pour se montrer accueillante ou plaire à son mari. Sir John Russell a l'impression qu'elle est sur une autre longueur d'ondes. « Elle ne trouve personne qui puisse avoir des pensées communes avec les siennes, nul être qui puisse lui offrir un instant de détente. » Plutôt que de participer aux soirées organisées par son mari, elle préfère se plonger dans un livre. Dans la journée, elle reste souvent seule, va nager et bronzer dans un coin isolé. « Elle fait peser sur l'île une espèce de désapprobation silencieuse pour le style de vie de son mari et de ses amis », remarque un familier de Skorpios.

« Mon Dieu, dans quelle imbécillité me suis-je laissé entraîner ? » avoue Onassis à des amis qui l'interrogent sur son mariage. Il éprouve l'impression d'avoir été leurré et ce bilan lui est pénible. Il accuse son épouse d'être « froide de sentiments et sans profondeur ». Le sentiment de déception va crescendo. « Leur mariage, explique-t-il à Roy Cahn, se réduit à ça : tous les mois, on me présente la facture. » Ses relations avec les enfants Kennedy vont accentuer leurs antagonismes. Instantanément, Onassis se prend d'affection pour John-John et Caroline. Par nature, il a toujours voué de la sympathie aux enfants et ces deux orphelins le touchent. Avec eux, il fait des promenades à Central Park, assiste à des matchs de football américain et organise pour eux des séances de cirque, des projections de films et des divertissements à bord du *Christina.* Mais il se lasse vite d'essayer de gagner en vain leur affection. En outre, le comportement « mère poule » de son épouse l'agace. En grandissant, Caroline rejette son beau-père et tient souvent des propos désobligeants à son égard devant ses camarades de classe. Le benjamin s'entend mieux avec Ari, mais lui aussi a l'impression que beau-papa tente d'acheter son affection avec des poneys, des jouets et d'autres cadeaux somptueux. Deux anecdotes montrent l'instabilité des rapports qui s'établissent.

Quelques semaines avant le Noël 1970, Jackie annonce à Onassis qu'elle connaît le cadeau qui ferait excessivement plaisir à Caroline. « Ah ! oui, et qu'est-ce que c'est ? demande l'armateur poli. – Une couverture de vison ! répond son épouse. – A son âge, elle a besoin d'une couverture en vison pour dormir ? – Non, précise Jackie en riant comme une enfant, ce n'est pas pour elle, mais pour son cheval. » Aristote a un haut-le-corps. Il ne voit pas la raison de couvrir un animal domestique de vison et ne le cache pas, irrité, à sa femme. « Mais non, dit Jackie en continuant à rire. Il s'agit d'un cheval de bois. »

Et elle raconte à son époux qu'à l'époque où ils étaient à la Maison-Blanche, les Soviétiques avaient fait cadeau à Caroline d'un superbe cheval de bois sculpté à la main. « Depuis longtemps, Caroline rêve d'une couverture en vison pour son cheval. Fais-lui ce cadeau, elle sera si heureuse ! » Aristote regarde bien sa femme dans les yeux et déclare calmement : « Non, ce n'est pas une bonne idée. Tout enfant doit avoir le sens de l'argent. Une couverture en lapin suffira amplement... »

Par contre, Onassis montre une oreille beaucoup plus complaisante quand John-John évoque le bateau de son père. Le jour même de cette discussion, l'armateur dit à son épouse : « John-John m'a parlé du bateau de John. Qu'est-ce qu'il est devenu ? – Il a été vendu », lui répond-elle. L'armateur se procure les coordonnées du nouveau propriétaire et lui téléphone illico : « Cher Monsieur, ici Aristote Onassis. Je voudrais faire une surprise à John Jr. Kennedy en lui offrant le bateau qui a appartenu à son père. Seriez-vous disposé à me le vendre ? – Absolument pas, réplique l'intéressé. Nous tenons beaucoup à ce voilier, il est hors de question que nous nous en séparions. » Onassis insiste en vain, et, finalement, déçu, téléphone en Grèce au directeur de l'Olympic Maritime pour lui demander de trouver au plus vite un joli voilier.

Au Noël suivant, les deux enfants Kennedy découvrent une enveloppe au pied du sapin, avec l'inscription : « To Caroline and John-John. » Le petit garçon décachète la lettre et lit : « Votre cadeau vous attend au port. » Aussitôt, les enfants, suivis des grandes personnes, se précipitent sur le port principal. A quelques dizaines de mètres d'eux tangue doucement un joli voilier rouge de douze mètres de long. Les enfants poussent des cris de joie et Ari, une bouteille de champagne sous le bras, décide qu'on va le baptiser tout de suite. Caroline brise la bouteille sur la coque et ensuite Onassis, d'un geste théâtral, arrache les larges bandes de sparadrap pour laisser apparaître le nom du bateau : le *Caroline*.

L'armateur prend plaisir à offrir ces cadeaux, même s'ils sont rarement dictés par l'altruisme. D'habitude, il escompte qu'on le paie en retour. Or, les enfants Kennedy restent trop réservés dans leur affection. Il s'irrite également de les voir toujours présents aux cérémonies en hommage au président défunt. Sans cesse ces commémorations rappellent cruellement à Onassis que son épouse est davantage liée à un époux défunt qu'à un mari bien vivant et que ces deux enfants Kennedy resteront toujours pour lui deux petits étrangers.

Les relations de Jackie avec les deux enfants d'Onassis sont encore plus difficiles. Pour l'aîné, Alexandre, l'Américaine n'est qu'une « geisha ». Pour Christina, la fille chérie, Jackie devient la *hyria* (« Madame ») et leurs rapports sont détestables. Les enfants Onassis ont toujours espéré que leur père retournerait vers leur mère et considèrent que Jackie est, comme Maria Callas, une intruse. Dans un premier temps, celle-ci tente de se montrer chaleureuse et d'aider Christina, déjà en proie à des problèmes de poids, à trouver sa ligne. Entre deux prises d'amphétamines et de tranquillisants, la jeune fille fait son shopping avec sa nouvelle belle-mère à New York. Mais le courant ne passe guère. Jackie s'amuse à raconter que sa belle-fille de 18 ans est un monstre gâté, affligée de grosses jambes et de chevilles énormes et qu'elle s'habille comme une paysanne grecque. Christina réplique en parlant de Jackie comme de « la regrettable lubie de mon père ». Comme le confirme une amie : « Dès le début, elle a détesté sa belle-mère. Au mieux, elles se sont supportées... » Christina ne va jamais prononcer les noms de Callas ou de Jackie. Elle les appelle avec ironie « la chanteuse » et « la veuve ». Rien d'étonnant donc s'il est difficile pour Mme Onassis de s'entendre avec cette petite fille riche, habituée à voir exaucé chacun de ses caprices.

D'autant que Christina a une sacrée personnalité. Capable de tourner le dos à un voisin de table qui ne lui plaît pas ou de jurer comme une charretière. Peu d'atomes crochus possibles avec cette insupportable jeune fille qui ne lit rien, ne s'intéresse à presque rien, n'aime pas les bijoux, les bibelots, les meubles et les œuvres d'art. Jackie l'ignore et la laisse écouter ses disques pop à pleine puissance sur sa chaîne en buvant son Coca-Cola. Peut-être néglige-t-elle de remarquer les expressions d'un visage qui révèle une grande force de caractère. Car Christina sait déjà comment elle va se venger de son père : en trouvant un mari comme lui-même s'est trouvé des femmes. Sans lui demander son avis.

Le 28 juillet 1971, Onassis est à Skorpios avec Jackie, dont il fête le quarante-deuxième anniversaire. Il s'apprête à lever une coupe de champagne, lorsque le petit téléphone du bar se met à sonner : « Allô ?... C'est toi, ma chérie... D'où appelles-tu ?... De Las Vegas ?... Tu t'es mariée avec Joseph Bolker, ce ringard, ce petit agent immobilier... » La nouvelle le rend furieux. Jackie a compris, mais, habituée à se dominer, elle ne montre rien. Sa froideur exaspère Ari et gâche la journée. Pour rien, car six mois plus tard, Christina (après « des pressions extraordinaires », selon les termes de Bolker) met fin à ce mariage éclair.

Jackie est évidemment touchée, mais impuissante face aux sombres humeurs de la famille Onassis. Leur violence, qui échappe au monde des sentiments contrôlés, la déconcerte. D'instinct, elle tait ses peines alors que la réaction d'Onassis est de les étaler. Le remariage de Tina avec Niarchos le 22 octobre 1971 n'arrange pas l'humeur d'Onassis. Mais la mort d'Alexandre, le 23 janvier 1973, dans l'accident de son avion bimoteur (un moteur est tombé en panne), l'anéantit. Désespéré, l'armateur s'enferme dans son chagrin. Il se rapproche de Christina, la nouvelle héritière, donnant de plus en plus l'impression à Jackie d'être une étrangère.

Jackie fait alors un pas vers son mari. Eprouve-t-elle une compassion sincère pour sa détresse ? Craint-elle d'être abandonnée, sans un sou ? Ou encore, et c'est le plus vraisemblable, les deux mobiles concourent-ils à dicter son attitude ? Toujours est-il qu'elle fait son possible pour apaiser sa douleur. « Elle était d'une gentillesse et d'une douceur infinies, raconte un proche. Elle se cassait la tête pour tenter de le distraire de sa peine. Elle lui demandait : "Tu veux que j'invite quelqu'un à dîner ? Tu as une idée ?" Mais qui aurait réussi à le faire rire ? » Comme le raconte Pierre Salinger dans ses *Mémoires* : « Quarante-huit heures après la disparition d'Alexandre Onassis, le téléphone a sonné tard dans la nuit à mon domicile parisien. J'ai reconnu immédiatement la voix familière, toujours un peu haletante, de Jackie. "Pierre, j'ai un très grand service à vous demander. J'espère tant que vous me répondrez *oui*. – Bien sûr, dis-je, de quoi s'agit-il ? – Ari est complètement démoralisé. La mort d'Alexandre a été un coup très dur pour lui. Je l'ai convaincu de prendre des vacances, de partir en croisière, mais il a besoin d'un homme à ses côtés, d'un ami. Est-ce que vous et Nicole pourriez vous libérer pour une dizaine de jours ? Ari vous aime bien et ce serait bon pour lui de vous avoir avec nous. Il faudrait que vous nous rejoigniez après-demain à Orly. Je vous en prie, dites que vous pouvez y arriver !" » Le séjour des Salinger va produire l'effet désiré. « Jackie était pleine de délicatesse à l'égard d'Ari, assure Nicole Salinger, et elle a eu une idée parfaite en invitant Pierre. »

Mais, lorsque, durant l'été 1973, Onassis retourne à Skorpios pour la première fois depuis l'enterrement de son fils, il invite son ex-épouse Tina et Stavros Niarchos à se recueillir sur la tombe d'Alexandre. « Jackie, se souvient un témoin, était furieuse. Elle n'appréciait pas du tout cette initiative. Elle aurait voulu que Stavros Niarchos s'abstienne de venir et quand il l'invita à déjeuner à bord de son nouveau yacht, elle refusa d'y aller. » Onassis ne semble plus guère heureux. Le monde s'est effondré avec la mort de son fils et son mariage ne lui apporte aucun réconfort. Il commence à se plaindre à tous ses amis de l'attitude de son épouse. Souvent, exaspéré par ses retards systématiques aux soirées mondaines, interrogeant ses proches avec ironie sur ce que Jackie fait de tous les vêtements qu'elle achète, Onassis parle même « d'incompatibilité d'humeur absolue ».

La mort le 24 octobre de Tina, décédée mystérieusement d'un œdème du poumon, ravive son chagrin et le replonge dans son chagrin et son passé. Il décide de tirer un trait sur le présent et sur un mariage auquel il veut mettre fin. « M. Onassis, raconte son avocat Roy Cahn, avait tranché. Il avait consulté des confrères grecs. Il y avait beaucoup de complications du côté américain... Il pensait qu'on parviendrait à un accord parce qu'il ne croyait pas que Jackie voudrait en faire toute une histoire, mais il envisageait aussi la possibilité que sa femme se montre trop gourmande et qu'on ne parvienne pas à un règlement amical. » Pour mettre toutes les chances de son côté, certains prétendent qu'il engage des détectives privés et fait suivre Jackie vingt-quatre heures sur vingt-quatre. « C'est une belle femme, confie Onassis à l'un de ses amis, mais sa beauté ne vaut pas des millions. »

Il se prépare donc à organiser un divorce correct entre eux, lorsque Jackie, se rendant compte de la dégradation de leur union, lui propose, en janvier 1974, d'aller à Acapulco. Mais elle commet l'erreur de choisir des horizons qu'elle a découverts lors de sa lune de miel avec Kennedy, et surtout celle d'exprimer ses goûts dispendieux (à un moment mal choisi) en voulant y acquérir une maison. L'armateur, qui connaît plusieurs revers sérieux dans ses affaires, est piqué au vif. Ce désir de bâtir ou d'acheter une propriété dans la ville de sa lune de miel avec John Kennedy lui paraît le « symptôme final de leur mésalliance ». La fièvre monte à Acapulco et lorsque, le 3 janvier 1974, le couple reprend l'avion pour New York, les esprits ne sont guère calmés. Onassis lui crie qu'elle veut le saigner ; Jackie proclame qu'il est odieux et avare. La tension est violente et chacun rend coup pour coup. Elle lui jette à la figure qu'elle n'attend rien de lui. Et lui de répliquer : « Eh bien, tu n'auras rien ! » Elle riposte en énumérant chacune des fautes de goût dont il s'est rendu coupable durant les cinq années de vie commune et sa liste est fort longue. Onassis fulmine et s'installe seul à l'arrière de l'avion pour rédiger sur-le-champ son testament. Dans ce document, il institue sa fille Christina comme sa principale héritière et résout brutalement le problème que pose Jackie : « Ayant déjà pris soin de mon épouse, Jacqueline Bouvier, et ayant devant notaire passé un accord écrit aux Etats-Unis, par lequel elle renonce aux droits héréditaires qu'elle aurait sur ma fortune, je limite sa part et celle de ses enfants, John et Caroline, à une rente annuelle, leur vie durant, d'un montant de 150 000 dollars. » Onassis se penche aussi sur l'éventualité selon laquelle sa veuve ou les héritiers de celle-ci contesteraient les dispositions de son testament. Si un tel cas venait à se produire, « j'enjoins à mes exécuteurs testamentaires, ainsi qu'à mes autres héritiers, de lui dénier ce droit par tous les moyens légaux en leur possession et de prélever sur mon héritage tous les frais occasionnés par une telle action ». Si la requête de la plaignante rencontrait la faveur des juges, elle ne devrait recevoir que 12,5 % de la masse de biens, c'est-à-dire le minimum de ce qu'autorisaient les lois du *nominos mira*.

La femme qui lui a apporté l'Histoire en dot est donc répudiée avec un lot de consolation. Tandis que le projet de son divorce lui redonne le moral, il initie Christina aux affaires. Tous les matins, l'héritière se rend de bonne heure à l'Olympic Tower, où les courtiers maritimes lui enseignent le « shipping ». Son père, dont la santé vacille, l'emmène à presque tous ses déjeuners de travail, à ses conseils d'administration. Elle qui ne s'était jamais intéressée à grand-chose, se passionne soudain pour les affaires.

Jackie, elle, continue à vivre sa vie, totalement séparée, mais faisant démentir catégoriquement les rumeurs de rupture. Pourtant, selon un proche, elle affiche un masque sombre : « Elle avait pris cette expression d'austérité religieuse qu'on voit sur le visage de certaines paysannes d'Europe. Ardente, malheureuse, marquée par le sacrifice de la chair. » D'autant que sa sœur Lee annonce au printemps qu'elle se sépare de son mari, le prince Stanislas Radziwill, après quinze ans de vie commune et « trois ans de domicile séparé ». Il est alors décidé que Anthony, 15 ans, l'aîné des deux enfants, resterait à Londres avec son père, tandis que Anne-Christine, 14 ans, partirait vivre à New York avec sa mère. L'humeur de Jackie ne s'améliore guère lorsqu'en avril, Maria Callas apparaît à la télévision américaine dans le célèbre Talk Show de Barbara Walter, *Today*. La cantatrice y parle d'Onassis comme ayant été le plus grand amour de sa vie, précisant qu'elle ne regrette cependant pas de ne pas l'avoir épousé. Sur le point de savoir si elle nourrit à l'égard de Jackie de noirs sentiments, elle se contente de dire : « Pourquoi ? Si, à cause d'elle, M. Onassis souffrait, je serais, certes, furieuse. »

Mais Onassis, qui n'a été jusque-là qu'une machine à décider, à se battre et à gagner, sent le poids de l'âge. Au printemps 1974, la perspective de sa disparition prochaine lui devient évidente. Autour de lui, le monde change, et il n'a plus la force d'y prêter attention. Il avait voulu faire de la Grèce son royaume personnel et avait apporté son soutien au régime des colonels. L'affaire de Chypre et le retour de Caramanlis mettent en danger ses positions. L'armateur ne cherche pas de politique de rechange. Il est trop fatigué. Malade, un jet spécialement affrété dépose deux médecins sur l'aéroport d'Athènes. Deux spécialistes français incontestés. Convoqués à la villa de Glyfada, la résidence que choisit Onassis à chaque fois qu'il quitte son yacht ou son île de Skorpios pour mettre un pied sur la Grèce continentale, les deux grands professeurs diagnostiquent « la myasthenia gravis », une maladie rare – on est tenté d'écrire « de luxe » – qui affaiblit ses muscles et l'obligera à employer bientôt des sparadraps pour garder les yeux ouverts. Car ce sont d'abord les muscles de la face qui sont atteints par cette sorte de paralysie temporaire. Onassis sait qu'un empire sans héritier ne survivra pas à la mort de son fondateur. En prenant au sérieux ses obligations d'« héritière », Christina lui apporte un dernier rayon de soleil. Il constate que Jackie préfère vivre à New York plutôt que de s'installer à Paris ou à Skorpios pour adoucir les derniers mois.

Tandis qu'Onassis, affaibli, lutte avec le gouvernement grec pour conserver sa compagnie aérienne

Olympic, Jackie part faire un safari au Kenya, où elle a même un léger accident de montgolfière. Et pendant qu'Onassis vit ses derniers jours, Jackie est en vadrouille à New York, assistant à plusieurs Premières à Broadway, dînant et sortant, très enjouée. Mais, au début de février 1975, on lui téléphone d'Athènes, car son mari a perdu connaissance à la suite de douleurs dans l'abdomen dues à des calculs biliaires. On diagnostique une pneumonie, conséquence d'un trop long traitement à la cortisone. Le médecin parisien recommande une intervention immédiate pour débarrasser Onassis de sa vésicule, mais sa faiblesse extrême inquiète. Le 6 février, escorté par Christina et Jackie venue de New York, l'armateur prend un jet pour Paris. Vouées à ne se saluer que dans les instants où la vie tourne au drame, la Grecque et l'Américaine ne s'adressent pas la parole. Christina va même jusqu'à refuser de partager avec sa belle-mère l'appartement de l'avenue Foch et s'installe à l'*Hôtel Plazza-Athénée.*

Le lendemain matin, Aristote Onassis arrive dans une Peugeot bleue à l'hôpital américain de Neuilly. C'est par une entrée discrète qui donne accès à la chapelle de l'établissement qu'il gagne une chambre au premier étage. Son teint est incroyablement jaune, ses joues creuses et lorsque son chauffeur vient le soutenir, il donne l'impression de marcher comme un aveugle. Dans le long corridor aux teintes neutres, Jackie et Christina font les cent pas. « M. Aristote Onassis a été opéré d'une lithiase biliaire compliquée d'ictère interne. Il a subi une cholécystectomie complétée par un drainage de la voie biliaire principale », dit le bulletin de santé publié par la direction de l'hôpital. « Les suites chirurgicales immédiates sont satisfaisantes, précise le communiqué, la myasthénie est contrôlée. » Mais c'est cette phrase que Jackie retient : « Les conditions cardiaques font que le pronostic reste réservé. » Il va passer les cinq semaines suivantes dans un état semi-comateux. Jackie se rend consciencieusement chaque jour à l'hôpital. Artemis, la sœur la plus proche d'Ari, et Christina, imbues de leurs droits et unies par l'esprit de clan, ne se gênent pas pour faire sentir à Jackie qu'elle n'est qu'une étrangère. Arborant toujours son sourire énigmatique face aux journalistes et photographes qui l'attendent au seuil de l'hôpital, celle-ci ne laisse rien transparaître.

La presse mondiale s'empresse de publier bientôt les photos du week-end de repos que Caroline Kennedy, bronzée et souriante sur la plage de Palm Beach, s'accorde à ce moment-là, en compagnie de sa cousine Maria Shriver. De même, les journalistes traquent Jackie faisant des achats dans les rues de Paris ou se rendant au cinéma sur les Champs-Elysées. De quoi mettre Christina en rage, elle qui ne quitte pas un instant le chevet de son père et prend même une chambre dans l'aile Eisenhower de l'hôpital, à côté de la suite d'Onassis. Vers la fin du mois de février, quelques signes d'amélioration apparaissent, bien qu'Onassis soit toujours sous respiration artificielle et sous dialyse. Jackie décide de regagner New York pour voir ses enfants. Christina pense qu'elle ne s'absentera que pour le week-end. Mais, le lundi, Jackie téléphone pour apprendre que l'état du malade est stationnaire. Cependant, Onassis décline rapidement dans les jours qui suivent sans que cette aggravation soit portée à la connaissance de son épouse. Le samedi 15 mars, le cœur d'Onassis s'arrête de battre à 12 h 09 et seule Christina est à son chevet. C'est donc à New York que Jackie apprend son second veuvage. « Je crois qu'elle a amèrement regretté de ne pas avoir été près de lui au moment de sa mort », avouera Lee Radziwill. Incapable d'affronter sans soutien la famille et l'entourage d'Onassis, elle demande à Ted Kennedy de venir aux obsèques avec Caroline et John-John.

A l'arrivée à Paris, le chauffeur de la famille l'attend. Aux journalistes, le regard dissimulé derrière ses lunettes noires, Mme Onassis fait une déclaration où l'émotion et la tendresse ne sont pas absentes : « Aristote Socrate Onassis est venu à mon secours dans une période sombre de ma vie. Il a beaucoup compté pour moi. Il m'a introduite dans un monde où l'on trouve à la fois le bonheur et l'amour. Nous avons partagé maints moments magnifiques qui ne peuvent s'oublier et je lui en serai éternellement reconnaissante ». Puis, elle se rend à la chapelle de l'hôpital pour un dernier adieu à son époux. Où vont alors ses pensées ? Elle qui avait cherché protection et paix auprès d'Onassis, avait récolté un tourbillon de morts et de catastrophes. Les tragédies s'étaient succédé au point qu'elle en devient insensible : décès soudain de sa belle-sœur et mort mystérieuse de la première femme d'Onassis, mort d'Alexandre, mariage raté de Christina sans compter les tragédies Kennedy (mort de Joseph Kennedy et du cardinal Cushing, scandale de Chappaquiddick *, cancer du jeune Teddy amputé d'une jambe) et le divorce de sa sœur.

Mieux que quiconque, les femmes du clan Onassis peuvent comprendre l'effet destructeur d'une série de deuils. Et pourtant, les gestes de réconfort que Jackie

* Le 18 juillet 1972, reconduisant en voiture l'ex-secrétaire de son frère Bob, Ted Kennedy tombe dans la mer. Il s'échappe à la nage, mais la jeune fille, Mary Jo Kopechne, meurt noyée. Il restera dix heures sans prévenir la police.

adresse à Christina sont accueillis avec dédain. A l'arrivée du Boeing 727 à Athènes, elles semblent s'être rapprochées. Apercevant une meute de photographes, la jeune femme est prise de panique ; Jackie lui saisit le bras : « Du calme, c'est bientôt fini. » Suivies par Ted Kennedy, elles montent dans la même limousine. Débarqué d'une vedette, le cercueil traverse l'île de Skorpios sous la conduite du prêtre local. Christina ouvre la marche avec la famille Onassis à ses côtés. Jackie, encadrée par Ted et John-John, vient derrière. Devant la chapelle mortuaire, on remarque une couronne faite de fleurs roses et blanches avec comme inscription ces mots simples : « A Ari, de la part de Jackie. » Le cercueil est placé dans un tombeau sur le côté de la chapelle, à l'opposé de la tombe d'Alexandre. Impénétrable derrière ses lunettes noires et un sourire placide sur les lèvres, Jackie quitte Skorpios et passe la nuit à Athènes. Elle retournera à Skorpios pour un dernier voyage le mois suivant, afin d'assister à un office célébré en mémoire d'Onassis. Elle n'y est plus retournée et n'est jamais revenue s'incliner sur la tombe de son époux ni assister plus tard aux funérailles de Christina.

Christina, elle-même, a-t-elle donné le signal de l'hallali ? Jackie Onassis, à son retour à New York, subit le feu le plus nourri des reproches en tous genres qu'elle ait jamais eu à essuyer de sa vie. Les yeux secs sous les éclairs du magnésium, la nouvelle veuve ne suscite plus l'admiration ou la fascination. Ses pseudo-manières courageuses paraissent trop hautaines ou glacées. Une dépêche venue d'Athènes sonne le début des hostilités : « Mlle Christina Onassis, principale héritière de la fortune de son père, a donné des instructions pour que les affaires personnelles de Mme Jacqueline Kennedy-Onassis soient retirées de l'île de Skorpios et du yacht le *Christina*, appartenant à la famille. »

Et, le 18 avril, le *New York Times* révèle qu'Onassis avait eu l'intention de divorcer de Jackie et que peu avant de mourir il avait demandé à l'un de ses avocats d'entamer la procédure. « Plusieurs amis de la famille, précise l'article, ont dit que Mme Onassis voulait davantage d'argent. » Et le journal de noter en première page que « Christina passe pour être violemment hostile à Mme Onassis ». Ces informations font l'effet d'un détonateur. Toutes les rancunes accumulées, aussi bien par les proches de la famille Kennedy (qui ne lui pardonnent toujours pas de n'être pas restée l'éternelle « veuve de Dallas ») que par le clan Onassis qui n'a vu en elle qu'une « impossible mondaine dépensière », éclatent d'un coup au grand jour. Les langues se délient. Jackie n'avait-elle pas mis au point avec Onassis une charmante règle : Ari devait lui rapporter un cadeau de tous les endroits du monde qu'il visitait ? N'a-t-elle pas fait vendre par une maison de vente aux enchères des meubles ayant appartenu au président Kennedy qui ont battu des records quand on en apprit la provenance ? Et que fait-elle de tous ces vêtements qu'elle ne porte qu'une fois ou deux ? Elle les revend. Bref, les amis des Onassis, tout comme les nostalgiques des Kennedy, lui reprochent d'avoir la dépense beaucoup trop facile. Confidences, ragots et perfidies se multiplient dès l'instant où l'on croit que Christina veut rompre toutes relations avec sa belle-mère.

Jackie décide de passer à la contre-offensive. Dès la parution de la dépêche et de l'article du *New York Times,* elle téléphone à sa belle-fille à Monaco : si Christina ne publie pas un communiqué assurant que son père et Jackie se sont toujours aimés d'un amour intense, elle menace de flanquer une belle pagaille dans la succession ! Le chantage porte ses fruits, car trois jours plus tard, le quotidien new-yorkais révèle que « Mlle Onassis dément tout projet de divorce de son père. Ces informations sont totalement fausses », ajoutant même que « ses relations avec sa belle-mère sont placées sous le signe de l'amitié et du respect et qu'il n'existe aucun différend financier ». Nul n'est dupe, l'honneur de Jackie est sauf, même si l'un des conseillers d'Onassis remarque à juste titre « qu'il aurait mieux valu s'abstenir de ce genre de déclaration. Elle ne fait que confirmer que quelque chose ne tourne pas rond. C'est aussi sincère que des aveux arrachés sous la torture. Il est clair aux yeux de tout le monde que Christina l'a faite uniquement pour que Jackie lui "lâche la jambe" »...

Finalement, la publication du testament d'Onassis révèle qu'il laisse à sa femme 100 000 dollars par an de revenus de valeur non imposable auxquels s'ajoutent 100 000 dollars annuels d'allocation, plus 50 000 dollars pour ses enfants ; la quasi-totalité de sa fortune revient à sa fille Christina. Seul point de litige : la propriété de Skorpios et du *Christina*. Jackie promet de vendre sa part de l'île et du yacht. Il faudra dix-huit mois de négociations pour fixer le chiffre final de vingt-six millions de dollars. Cher payé pour Christina, mais c'est le seul moyen de couper les ponts avec Jackie et d'éloigner la menace d'un procès où sa belle-mère attaquerait le testament.

Jackie, grâce à l'habileté de ses avocats et à la volonté de Christina de payer le prix une fois pour toutes, parvient donc à obtenir vingt-six millions de dollars sur l'héritage d'un homme sur le point de se séparer d'elle. Elle devient plus riche en tant que veuve qu'elle ne l'a jamais été en tant qu'épouse.

LA VÉRITABLE JACKIE

C'est, paradoxalement, l'île de Skorpios où elle a cherché refuge après la mort de Bobby, ne sachant pas que son mariage est l'aube d'une tragédie grecque qui va se jouer pendant les sept années suivantes, qui lui apporte la sécurité financière dont elle a tant besoin. Tous les commentaires dans le monde entier mettent l'accent sur l'amour immodéré qu'a Jackie pour l'argent, bien que ses démêlés sordides soient jugés « de bonne guerre » dans son pays natal où le dollar parle haut. Elle n'en a cure. Contre les rumeurs et les jugements moralistes, elle s'est forgée un blindage à toute épreuve.

XIII

CALME, LUXE ET VOLUPTÉ

LIBÉRÉE de son albatros grec et financièrement indépendante pour la première fois de sa vie, Jackie inaugure, à 46 ans, sa nouvelle vie avec plaisir. Celle qui, dans ses moments de plus profond désespoir, est capable de se lancer dans des dépenses effrénées à 3 000 dollars la minute, se sent en sécurité sur le plan matériel.

A un ami qui l'interroge sur sa philosophie de vie et ses travers, Jackie se montre étonnamment réaliste et reconnaît : « J'aime le luxe. » Mais elle veut rectifier les « fausses idées » qu'on se fait à son sujet. De sa prétendue crainte de la presse, elle dit : « J'ai peur des journalistes quand ils me tombent dessus en bande. Je n'aime pas la foule parce que je n'aime pas les masses impersonnelles. Elles me font penser à des vols de sauterelles. En vérité, je suis très timide. On prend mon manque d'assurance pour de la morgue et quand je fuis la publicité, on pense que c'est la preuve de mon mépris pour le reste de l'humanité. Je suis aujourd'hui ce que j'étais hier et ce que je serai demain si j'ai de la chance. » Elle déclare encore qu'elle déteste qu'on la définisse par rapport à celui qui est son mari. « Pourquoi les gens ne me voient-ils qu'au travers des noms que j'ai portés à diverses époques de ma vie ? demande-t-elle. On oublie que j'ai été Jacqueline Bouvier avant d'être Mme Kennedy ou Mme Onassis. J'ai toujours essayé de rester fidèle à moi-même et je veux le rester jusqu'à mon dernier souffle... J'adore les enfants et je pense qu'une femme ne peut espérer plus grand bonheur que celui de voir grandir les siens. » Et Jackie d'avouer : « Il ne faut pas se laisser abattre par les tragédies que l'existence nous réserve et, de la même façon, on ne doit pas se souvenir que des bonheurs et des succès que l'on a connus. Si l'on considère d'un côté les joies et de l'autre les peines, on ne parvient pas à rendre compte de la réalité de la vie. L'existence est faite d'un mélange du pire et du meilleur. On ne peut pas les isoler. C'est une erreur d'essayer. »

Elle pourrait continuer à mener une existence de femme gâtée, mais cette même année, elle accepte une offre d'emploi au salaire annuel symbolique comme conseillère de la maison d'édition *Viking*. Son premier travail en vingt ans, depuis ses années de jeunesse. Une façon de remplir ses envies de journalisme. « Si je n'avais pas été mariée, écrit-elle dans un article paru dans *M.S.* en 1979, j'aurais pu avoir une vie semblable à celle de Gloria Ermson » (une journaliste américaine célèbre qui commença sa carrière par des reportages sur la mode puis qui s'illustra au Vietnam).

Lors du lancement du premier livre auquel elle prend part, *In the Russian Style*, un bel album concocté par Diana Vreeland sur la Russie impériale, Jackie s'adresse pour la première fois à des journalistes :

« Quand je suis sortie de l'université, j'ai voulu écrire pour un journal ou travailler pour une maison d'édition, mais j'ai accompli d'autres choses. Le moment venu, voici ce que j'ai fait. J'ai toujours voulu réaliser ce travail. Quant à mon avenir, eh bien, j'ai l'intention de rester rédactrice à *Viking* et j'ai bon espoir de pouvoir le faire. J'aime ce métier. »

Thomas Guinzburg, son directeur, qui lui apprend les ficelles de l'édition, avoue trouver en elle une « élève » avide d'apprendre, rédigeant des rapports de lecture « très drôles et pleins d'humour ». Elle se moque souvent de sa propre inexpérience, fait des plaisanteries sur ses erreurs. Cependant, elle n'est pas toujours prise au sérieux par ses collègues. Pat Irving, agent littéraire, se souvient : « Elle était timide, peu sûre d'elle et ouvrait à peine la bouche. On espérait qu'elle continuerait à se taire et écrirait pour nous sa biographie ! »

Aucun de ces projets ne s'est concrétisé. Jackie n'avait pas l'intention de s'autopublier, pas plus que de rester bouche cousue. Greta Foder, ancienne collègue, ajoute : « Elle a d'abord posé des questions, écouté les réponses, puis a fourni des suggestions originales. » Loretta Barrett, autre agent littéraire, amie de Jackie, déclare : « Elle s'est toujours mieux entendue avec des femmes plus jeunes, sans doute parce qu'elles n'étaient pas encore nées quand elle était elle-même au faîte de sa notoriété. »

Comme elle se voit octroyer un emploi du temps très flexible pour suivre de près l'éducation de Caroline et de John, certains la jalousent. Et le manque de dynamisme de *Viking*, les trop petits à-valoir versés aux auteurs la dépriment. Elle prend prétexte à l'automne 1977 de la publication d'un livre de l'auteur de best-sellers anglais Jeffrey Archer pour donner sa démission. En effet, dans ce thriller, l'auteur du policier imagine que Ted Kennedy est la cible d'un complot. Elle ne peut décemment pas en cautionner la publication et en profite pour partir chez *Doubleday*, une maison d'édition dont le profil et les moyens financiers semblent mieux convenir à sa personnalité et ses envies.

D'après ses collègues, elle semble satisfaite de son travail et heureuse du succès de ses biographies. « Elle se comporte comme une bonne copine », remarque l'un d'eux qui précise qu'elle fait elle-même ses photocopies, se verse du café et n'a pas besoin de sa secrétaire pour donner ses coups de téléphone. « Elle est très professionnelle, confie l'un de ses confrères. Elle ne s'intéresse qu'à ce qui concerne le spectacle, le cinéma, les arts. Si quelqu'un suggère de publier les *Mémoires* d'un politicien en comité, elle lève les yeux au ciel. »

Son bureau au 20e étage du siège new-yorkais de *Doubleday* ne désemplit pas et tous ses collègues de louer son caractère et ses manières loyales dans le travail. Stephen Rubin, président de *Doubleday*, se souvient : « Elle était modeste et efficace. Lorsqu'elle voulait me voir pour parler d'une idée, et qu'elle me savait occupé, elle attendait son tour. En revanche, pendant les seize années qu'elle a passées avec nous, elle est toujours restée accessible. Elle était réellement aimée par ses collègues. »

Chez *Doubleday*, elle a la réputation justifiée de savoir « arracher » des autobiographies aux stars de toutes catégories (Michael Jackson entre autres). « Le plus étonnant, chez Jackie, remarque Marianne Strong, c'est l'intérêt qu'elle continuait à éprouver pour la vie des autres stars. Elle a toujours été folle de potins en tout genre, elle adorait qu'on lui raconte les derniers échos sur la vie privée des gens riches et célèbres, alors qu'elle détestait qu'on raconte quoi que ce soit sur elle. »

Chez *Doubleday*, son bureau, beige et marron, n'a rien de spécial : s'y trouvent juste une plante verte et, sur la table de travail, des photos de sa famille ainsi qu'un cliché d'elle pris sur un bateau. « J'adore mon travail, répète l'intéressée. Une femme a besoin de faire quelque chose qui l'intéresse et la motive. » Elle n'oublie pas de partir chaque week-end, comme toute éditrice qui se respecte, en glissant plusieurs manuscrits sous le bras.

Si elle ne reste pas dans son appartement du « Uptown Manhattan », elle peut se reposer dans sa propriété de 120 hectares au bord de la mer à Martha's Vineyard, une île au large de la côte du Massachusetts. Elle va encore à Hyannis Port dans la petite maison achetée par John au cours des premières années de leur mariage et profite épisodiquement d'une résidence dans le New Jersey aménagée pour la chasse. Jackie n'a plus ni chauffeur ni limousine et voyage le plus démocratiquement du monde sur les lignes commerciales (certes en première classe) quand elle veut passer quelque temps dans ses autres propriétés.

Cette simplicité, Elie Wiesel, prix Nobel de la Paix, l'a remarquée : « Elle venait voir son psychiatre dans la maison que j'habitais. Nous prenions souvent l'ascenseur ensemble et nous bavardions. Elle venait toujours seule et lorsqu'elle repartait, il n'y avait pas de limousine pour l'attendre. La grande, la célèbre Jacqueline Kennedy appelait, comme tout un chacun, un taxi. »

Edward Klein, rédacteur en chef du *New York Times Magazine*, lorsqu'il la rencontra pour la première fois en 1981, note : « Ce qu'elle avait de plus remarquable était ses yeux. D'un brun foncé et lumineux, ils étaient profondément enfoncés dans les orbites. L'œil droit était un peu plus grand que le gauche. Sous le regard brillant, la joue droite portait une petite tache brune, le seul outrage apparent que le temps eût porté à sa beauté. Elle avait conservé la silhouette élancée d'une jeune fille – elle mesurait un peu plus d'un mètre soixante-dix et pesait cinquante-six kilos, à un ou deux kilos près. Jacqueline Kennedy-Onassis était pratiquement de la même taille que Greta Garbo, sa seule rivale sérieuse au titre de femme la plus célèbre du XXe siècle. »

Devenu proche, ce journaliste évoque cette simplicité de Jackie : « Pour nos déjeuners, elle s'habillait toujours très simplement : un pull-over de cachemire, un pantalon avec une large ceinture. Elle se contentait d'une touche de mascara et de brillant à lèvres, ce qui ne l'empêchait pas d'avoir toujours l'air extraordinairement soignée. Ses deux séances de soins hebdomadaires chez Nardi, l'esthéticienne de Lexington Avenue, n'y étaient pas étrangères. Pas plus que le lifting qu'avait réalisé récemment un chirurgien de Park Avenue, le Dr Michael Hogan. Mais quand Jackie se regardait dans la glace, elle réagissait comme toutes les femmes de son âge. Elle n'était pas tendre avec elle-même. Un jour, pour la réconforter, un ami lui fit remarquer que les vieux arbres ont plus de beauté que les jeunes. "Je comprends ce que tu veux dire, répondit-elle, mais ce n'est pas facile à admettre". »

Jackie mène l'existence d'une femme active de la bonne société new-yorkaise. Chaque matin, elle fait du jogging tôt, autour du réservoir de Central Park, en courant assez vite pour fuir les paparazzi occasionnels. Capuchon noir recouvrant le front, écharpe noire cachant le bas du visage, gants noirs, chaussures de jogging, pantalon en stretch et lunettes fumées. La tête baissée pour contrer le vent violent qui souffle parfois, elle fait deux fois le tour du réservoir d'eau de Central Park, environ 5 km. A l'entrée d'un sentier, elle accélère toujours le rythme. Il est difficile alors de deviner l'âge et le sexe de cet athlète à l'allure androgyne, aux hanches fines, au torse plat et aux mouvements fluides.

Elle fréquente assidûment le club de gymnastique *Vertical* sur la 60e Rue. Elle aime partir faire un peu de ski en hiver, beaucoup de ski nautique en été et toujours un peu de tennis tout au long de l'année. Mais le cheval chaque week-end reste sa passion. Elle est membre du *Essex Hunt Club* dans le New Jersey (qu'elle gagne au volant de sa BMW) et possède deux chevaux à Peapacle. C'est d'ailleurs pour pouvoir continuer à faire de l'équitation (sport qu'elle pratique depuis l'enfance) que Jackie a gardé sa résidence de Bernardsville, dans le New Jersey, une ancienne étable aménagée, non loin d'un club de chasse à courre dont elle est membre.

Elle fait parfois des entorses à son régime et, aimant les crèmes glacées, va en déguster incognito à l'heure du déjeuner sur Madison Avenue dans l'incontournable magasin *Baskin-Robbins Ice Cream Store* où le *Rocky Road Cone* a ses préférences. Elle en emporte parfois dans un petit container lorsque deux fois par semaine elle se fait coiffer chez Kenneth's, dans un salon particulier. Là, elle se plonge dans la lecture des manuscrits, tandis que sa coiffeuse Rosemary Sorrentino ébouriffe sa longue chevelure brune, épurée de toute trace de gris grâce aux teintures. Toutes les clientes, y compris les plus célèbres comme Liza Minnelli, savent qu'elle n'apprécie guère d'être reconnue et abordée. A une cliente qui commença par lui dire :

« Je ne voudrais pas vous déranger, mais... », Jackie répliqua : « Eh bien, ne me dérangez pas ! » (« Well, fine don't ! »). Elle a la réputation de n'être guère généreuse en pourboires. L'avoir comme cliente lui paraît être un privilège suffisant et un élément de prestige.

Cette volonté de vivre comme tout le monde semble lui réussir. Lunettes noires à la Garbo, discrétion de ses amis et de sa famille et refus d'accorder interviews et autographes la protègent mieux qu'un rideau de fer. A une femme qui lui demandait de signer un livre dont elle est l'éditrice, Jackie répondit : « Non, je n'en suis pas l'auteur. » Bien sûr, son secrétariat est inondé d'un courrier varié où les correspondants espèrent une réponse signée de sa précieuse écriture, mais Jackie sait déjouer ce piège. Et, tous les six mois, elle change de numéro de téléphone personnel pour d'autant mieux sélectionner ses amis intimes.

Après chaque journée de travail, vers 17 heures, au moment de quitter le bureau, Jackie met ses lunettes fumées, salue ceux qu'elle croise dans le hall et disparaît dans l'ascenseur. Elle peut alors passer chez *Tiffany*. Jackie s'arrête chez *Bergdorf*, pour acheter par exemple des paires de collants opaques griffés Donna Karan. Ou bien elle prend le temps d'entrer à la pharmacie *Zitomer* où elle achète un paquet de chewing-gum et du baume à lèvres qu'elle applique immédiatement sur sa bouche gercée. Ici, le bonjour est familier et respectueux : « Comment allez-vous, Madame Onassis ? Ne fait-il pas trop froid pour vous ? – Au moins, il ne neige pas », répond-elle d'une voix juvénile. Autres étapes possibles : son boucher *Oscar* ou le magasin *Gristede* sur la 85ᵉ Rue où elle achète ses magazines. Puis Jackie rentre chez elle à pied, avant de disparaître dans la grande salle de bains en marbre beige pour prendre une douche avant que les enfants, à 20 heures, ne débarquent à dîner. Pour la première fois de sa vie si compliquée, Jackie Kennedy-Onassis connaît la paix et la sérénité dans ce New York qu'elle aime.

Deux fois par mois, Jackie participe à un déjeuner réunissant des VIP dans un de ces restaurants où les gens sont tellement occupés à observer leurs voisins qu'ils n'ont pas le temps de manger. Au *Four Seasons*, l'ancienne First Lady se nourrit de légumes à la vapeur et de poisson poché. Elle porte un costume bleu et vert Ungaro aux boutons de lapis-lazuli. « C'est un de ces ensembles à 10 000 dollars, commente un publicitaire de *Doubleday*. Il suffit d'en voir les boutons, véritables petits chefs-d'œuvre, pour en deviner la qualité. »

Tous les vrais New-Yorkais ont croisé Jackie au moins une fois dans leur vie. L'un d'entre eux a raconté cette scène révélatrice : « C'était dans un fast-food horrible de l'Upper Eastside. Jackie est entrée, s'est assise au comptoir – vous vous rendez compte, au comptoir ! – et a commandé un hamburger et une tasse de café noir. Tout le monde s'est arrêté de respirer dans l'établissement. Même les hamburgers ont cessé de grésiller dans les poêles ! Elle portait un imperméable en daim, un pantalon noir, elle avait un sac à main Gucci à l'épaule et au poignet une montre Tank de Cartier. Après son café, elle a fumé une cigarette ! » Le pauvre garçon en frémit encore rétrospectivement, d'extase et d'horreur confondues.

Terrifiée à l'idée d'être exploitée ou escroquée, Jackie déteste les proches qui bavardent sur son compte. Et méprise les langues vipérines des commères qui imputent l'expression figée de son visage à de trop nombreuses opérations de chirurgie esthétique. Pourtant, elle a ses petits secrets. Devant une fenêtre de son appartement du 1040 Fifth Avenue, Jacqueline Bouvier-Kennedy-Onassis, l'une des femmes les plus célèbres et les plus épiées de la planète, a installé un télescope ultra-puissant avec lequel elle guette les promeneurs, les joggeurs et les amoureux de Central Park. C'est l'un de ses passe-temps préférés. En d'autres termes, la femme la plus observée du monde adore observer les autres. Comme dit l'agent littéraire Marianne Strong : « Jackie, c'est une voyeuse ! » Un travers bien pardonnable !

Robert McNamara, Henry Kissinger, Rudolf Noureev, Arthur Schlesinger Jr., John K. Galbraith ou George Plimpton comptent alors parmi ses hôtes réguliers aux dîners qu'elle donne chaque mois dans son appartement. Du clan Kennedy, seuls Ted et son ex-femme Joan sont invités. Une cuisinière, Marta, est en permanence à son service ainsi que quatre domestiques. Mais si l'on en croit là aussi les mauvaises langues, la minceur de Jackie est due à un régime trop strict. Avant de se coucher, en cas d'insomnie ou de léger creux, elle demande qu'on lui prépare des branches de céleri et des morceaux de carottes, le tout dans un verre ballon rempli d'eau. Du temps d'Onassis, il y avait toujours du fromage grec féta, des olives de Kalamata et des œufs durs dans le réfrigérateur.

Pour ses dîners mondains, Jackie aime parfois mettre la main à la pâte. Son menu préféré comprend du caviar comme entrée, puis des côtelettes de mouton accompagnées d'une julienne et d'une salade de fruits au kirsch. Les vins sont toujours français et elle aime, de temps en temps, faire son marché au *Lobel's Meat Market* sur la 82e Rue, tout comme ses amis Oscar de la Renta ou Mike Nichols.

Elle est fière de toujours peser le même poids. Côté mode, elle ne fréquente plus guère les grands couturiers parisiens et préfère les boutiques de prêt-à-porter. Son uniforme : un twin-set de cachemire, avec la jupe de couleur assortie, un foulard Hermès et un fourre-tout du même sellier ; autour du cou, un discret rang de perles.

Elle possède, cependant, une belle collection de robes de soirée toujours fort utiles pour les Premières de ballets qu'elle ne manque jamais. Frank Sinatra, Leonard Bernstein ou le danseur Noureev l'y accompagnent. On la voit souvent sortir dîner et se rendre à des soirées organisées au profit d'œuvres de bienfaisance. Elle participe même très activement à la défense des bâtiments historiques de la ville en tant que membre de la *New York Municipal Art Society* et a pris fait et cause pour la protection du Grand Central Station et de l'église Saint-Bartholomew sur Park Avenue.

C'est à son amie Gloria Steinem, fondatrice du magazine *M. S.*, que Jackie a accordé la seule interview qu'elle ait jamais donnée. Elle témoigne : « Jackie s'intéressait à la préservation historique de New York, sa ville. Elle s'est donnée à fond pour qu'on ne construise pas de gratte-ciel dans certains quartiers et participait à rendre historiques les bâtiments tels le Carnegie Hall ou Grand Central Station, la gare centrale de Manhattan. »

Chaque année, unique geste de sa part qui rappelle son ancienne vie, elle se rend seule sur la tombe de son premier mari au cimetière national d'Arlington, pour se recueillir.

Après la mort d'Onassis, Jackie a choisi de ne pas rester solitaire. Dans les mois qui ont suivi, on lui a prêté trois idylles qui ont fait trop de bruit, à son goût, dans la presse : une relation avec le séduisant Warren Beatty, une aventure avec le Dr Christian Barnard et même un mariage, ultra-secret, avec le milliardaire saoudien Adnan Khashoggi. Mais, en réalité, Jackie, à ce moment-là, n'a guère songé à refaire sa vie. En 1976, en vacances à la Jamaïque, elle a noué une idylle avec le directeur de la chaîne de télévision NBC, Carl Killingsworth, un homme sympathique et charmant qui comprenait son désir de discrétion. « Je l'emmenais dans des petits restaurants, et elle ne s'en plaignait pas, a-t-il raconté. Elle était contente de dîner dans des bistrots modestes et peu connus parce qu'on la laissait en paix. Elle ne voulait plus aller dans les établissements luxueux et à la mode où elle savait qu'elle serait traquée par les photographes. »

Puis, elle a eu une brève aventure avec un éditorialiste du *Daily News* de New York, Pete Hamill. Divorcé, père de deux enfants, il avait 42 ans, alors que Jackie en avait 48. Pour elle, il a rompu avec l'actrice Shirley MacLaine. Il était vraiment très amoureux de Jackie mais, bien vite, il a compris qu'il n'y avait pas d'intimité possible en compagnie de la « veuve la plus célèbre du monde ». « Sortir avec Jackie, disait-il avec humour, c'est comme se trimbaler dans une maison avec une voiture de pompiers. »

Mais ces amourettes n'ont rien de bien sérieux. Jackie, à 50 ans, déclare alors à ses enfants, John Jr. et Caroline : « Je renonce à ma vie de femme. » Pourtant son conseiller financier entre bientôt en scène : Maurice Tempelsman. D'abord, on les voit dîner en tête-à-tête dans plusieurs restaurants new-yorkais. Puis, ils partent ensemble en croisière sur la côte Est des Etats-Unis, longeant la Georgie et la Caroline du Sud, sur le yacht de Maurice, le *Relemar*. Bien que ce bateau ne puisse être comparé au somptueux *Christina* d'Onassis, c'est pourtant sur le *Relemar* que Maurice et Jackie vivent les premières heures de leur passion.

Cela se passe pendant un orage. Seul à la barre, face aux éléments déchaînés, Maurice sait rassurer Jackie, lui montrer qu'elle n'a rien à craindre. Aussi, quand la tempête se calme, c'est tout naturellement qu'elle vient se réfugier dans ses bras pour regarder, sur l'horizon, poindre les premiers rayons du soleil. Et là, elle se trouve si à son aise qu'elle décide ne vouloir plus d'autre homme que celui-ci dans sa vie.

Américain d'origine belge, bien en chair, chauve et marié depuis 40 ans quoique séparé de sa femme, Maurice Tempelsman est un industriel richissime qui transforma la petite affaire de diamants de son père en une multinationale. Il a même employé un été John Jr. dans sa filiale du Zaïre. C'est un ami de longue date. Maurice Tempelsman, démocrate depuis toujours, faisait partie des invités à bord du train transportant le cercueil de Robert Kennedy de New York à Washington, le 8 juin 1968. Après la mort d'Onassis, il est de ceux qui escortent souvent Jackie lors de ses soirées new-yorkaises. Le jour des obsèques de son ex-beau-frère, le prince Stanislas Radziwill, c'est encore lui qui l'accompagne à Londres. Dès 1989, il partage sa vie bien qu'elle habite seule et que lui réside toujours dans son appartement du Riverside Drive. Elle catholique, lui de religion hébraïque, partagent les mêmes goûts. Il leur arrive de ne parler qu'en français. Elle goûte le luxe de son yacht de 35 mètres et lui aime à lui rendre visite dans sa propriété de Martha's Vineyard l'été.

Son ex-femme, Rena, refuse alors de parler aux journalistes, mais les collaborateurs et amis de Tempelsman ne s'en privent pas. Pour l'un d'eux : « L'attirance de Jackie envers Maurice peut sembler étrange de prime abord ! Il n'a rien d'un séducteur, rien de sophistiqué. Mais si on parle, ne serait-ce que deux minutes avec lui, on comprend. C'est un être qui possède une sorte de magnétisme. Il est très intelligent et surtout très sensible. Quelqu'un d'assez instinctif. Il est en plus éclectique et cultivé. » Pour un autre, les dithyrambes sont au même diapason : « Chose plutôt rare dans le monde des affaires, Maurice est quelqu'un de doux, sage et équilibré. Pour ses amis, c'est un être spirituel, charmeur et très agréable. »

Leurs longues promenades en mer, leurs fréquents dîners dans des restaurants de New York laissent planer un doute sur leurs intentions ; mais comme le souligne un proche de Tempelsman : « C'est une femme très occupée et lui aussi. Ils s'aiment bien et passent beaucoup de bons moments ensemble. Cela n'ira pas plus loin. »

Comme l'a dit une cousine de Maurice Tempelsman, Rose Schreiber : « Jackie a épousé son premier mari pour acquérir un statut social, et le deuxième pour la sécurité financière. Cette troisième relation est fondée sur l'amitié et le respect mutuel. Dans le fond, c'est la plus saine de toutes. » « Maurice a l'air un peu effacé, dit encore Mrs Schreiber, mais c'est un homme du monde, charmant, élégant, cultivé, qui a de l'esprit et qui aime voyager. Jackie et lui fréquentent de petits restaurants, où ils s'assoient dans un coin discret et tiennent des conversations en français. Ils n'éprouvent pas le besoin de se marier parce que, d'une certaine façon, ils le sont déjà. Il y a un réel lien spirituel entre eux. »

L'affection de Jackie pour sa famille occupe aussi une place très importante dans sa vie. « On peut tout lui reprocher, reconnaît Ronald Richardson qui fut le professeur de français de ses enfants, sauf d'être une mauvaise mère. Elle a toujours été d'un dévouement total pour eux. » Pierre Salinger souligne que « parmi toutes les qualités qui m'ont impressionné chez Jackie Kennedy, j'ai été particulièrement frappé par sa détermination à ce que ses deux enfants grandissent avec une image de leur père aussi pleine et aussi réaliste que possible. Dans ce but, elle demandait aux personnes qui avaient été proches de lui de partager leurs souvenirs avec Caroline et John. [...]. Caroline et John m'interrompaient avec des questions toujours plus nombreuses, tandis que j'évoquais la passion de la lecture et l'amour de l'Histoire de JFK. Ils rirent quand je leur dis qu'il valait mieux ne rien laisser d'intéressant sur son bureau à la Maison-Blanche de crainte que leur père n'entre par hasard et ne s'en empare. D'autres grandes personnes qui l'avaient connu et aimé leur avaient déjà raconté ça. Je me suis efforcé d'éviter et même de contrer tout le côté "culte" qui avait peu à peu entouré leur père et la période de sa présidence. Au fil des années, j'ai fréquemment rencontré Caroline et John et je les ai vus grandir et devenir des adultes intéressants et responsables. J'ai toujours été heureux de constater qu'ils entretenaient un rapport sain avec la mémoire de leur père, qu'ils étaient les enfants aimants non pas d'un mythe mais d'un être humain. Là encore, tout le mérite en revient à Jackie. »

Caroline, tout comme Jackie, a toujours été placée sous les flashes des photographes, comme un personnage public. « Elle s'en est remarquablement bien sortie », reconnaît Ronald Richardson. Présente en juin 1968, lors des funérailles de son oncle Bobby, entre sa mère et oncle Edward, devant les caméras du monde entier. Toujours l'air un peu triste, quelques mois plus tard, pour le remariage de sa mère. Elle n'aimera jamais son beau-père, malgré les vacances ensoleillées qu'il lui offre en Grèce. A Concord

Academy, le très chic établissement scolaire qu'elle fréquente près de Boston, elle est une excellente élève. Ronald Richardson se souvient d'elle comme « très réservée mais vraiment intelligente. Elle parlait peu mais possédait un petit cercle d'amis. Elle avait toujours peur de décevoir... Le syndrome Kennedy. Elle affrontait courageusement les choses, aussi bien les paparazzi présents en permanence que les menaces d'enlèvement ou de malades mentaux qu'elle ne pouvait pas ignorer ».

Ses meilleures amies sont alors Cia Scott (la fille de l'acteur George C. Scott) et Cindy Porter (fille d'une célébrité locale). En 1974, elle obtient son diplôme. Elle part à Londres suivre des cours d'histoire de l'art et habite chez Lord Harlech, un ami de sa mère. Un événement va alors changer le cours de sa vie. Le 24 octobre 1975, une bombe explose sous la Jaguar rouge de Fraser, quelques instants avant que Caroline ne prenne le volant pour aller faire des courses. Elle n'est pas touchée, grâce au coup de fil qu'un ami vient de lui donner et qui s'est prolongé, lui sauvant ainsi la vie. Elle effectue ensuite un stage au département photographique du Metropolitan Museum et partage un appartement avec deux frères qu'elle adore : David et Peter Michaelis. Ils sont toujours ses meilleurs amis, l'un devenu en trois livres un jeune romancier de renom aux USA et l'autre une vedette du journalisme télévisé.

Caroline poursuit d'ailleurs l'idée de faire une carrière de reporter. Elle expose dans une petite galerie ses photos et accepte le poste d'assistante dans une équipe d'actualités télévisées de la chaîne NBC, portant spots et bobines sans se faire prier. Lors d'un reportage au Moyen-Orient, elle fait la conquête de toute l'équipe, la productrice affirmant : « Elle est très vive et elle a le don d'être de plain-pied avec tout le monde, des cameramen aux émirs. » Pourtant, Caroline a la même horreur que sa mère de la publicité ; elle sort des salles de spectacles avant le baisser du rideau par crainte d'être reconnue. Elle possède aussi l'espièglerie des Bouvier, confiant à une amie, en parlant de Jackie : « Personne ne croirait possible d'avoir une telle voix. »

David Michaelis se souvient d'avoir trop bu un soir avec Caroline : « Elle est rentrée très éméchée. Quand je l'ai appelée le lendemain, chez sa mère, c'est Jackie qui a répondu au téléphone. Je n'en croyais pas mes oreilles quand je l'ai entendu dire de sa voix de petite fille : "Je sais tout au sujet de votre soirée d'hier et je voudrais bien savoir pourquoi vous ne m'avez pas invitée aussi. J'aimerais bien que vous pensiez à moi la prochaine fois, car je ne veux pas perdre une occasion de m'amuser." »

Davantage amie pour sa fille que mère, Jackie facilite à Caroline son entrée comme assistante au département audiovisuel du Metropolitan. A la fin de l'année 1980, « la petite fiancée de l'Amérique » s'éprend d'un brillant intellectuel de treize ans son aîné : Edwin Schlossberg. Touche-à-tout, il a écrit neuf livres, organisé des expositions, produit des spectacles et fréquente beaucoup le milieu branché new-yorkais. Il s'est fait connaître en écrivant une thèse sur une conversation imaginaire entre Einstein et Beckett. Pendant plusieurs années, Caroline et Edwin vivent ensemble. Comme il est juif pratiquant, le clan Kennedy traîne les pieds pour donner son consentement au mariage. Edwin persuade bientôt Caroline de reprendre ses études et c'est ainsi qu'elle s'inscrit en première année de droit à l'Université de Columbia.

A Columbia, elle est une étudiante comme les autres, que ses amis appellent sans façon « Caroline ». Ses tenues sont le plus souvent sportives : jeans, pull-overs. Caroline travaille vite, jouit d'une excellente mémoire et ses professeurs ont remarqué qu'elle possédait l'esprit de synthèse. Les soirées, elle les passe en tête-à-tête avec Edwin ; ensemble, ils écoutent de la musique classique. Le principal trait de caractère de Caroline est la timidité ; tout comme Edwin, elle apprécie la lecture et la musique classique. Et un peu le jazz et les rythmes actuels pour danser. Elle aime aussi beaucoup bavarder longuement avec John-John, son frère. Elle nourrit pour son « petit frère » une admiration sans bornes. Et ce dernier adore taquiner et faire des plaisanteries à sa sœur !

Enfin, le 19 juillet 1986, quatre cents invités (seule manque à l'appel Rose, trop malade) se pressent dans l'église de Notre-Dame de la Victoire à Hyannis Port pour le mariage avec Edwin. « Petite princesse enfin heureuse », titre le *New York Post*. Mariage heureux. Après avoir fait une première fausse couche, Caroline donne naissance pendant l'été 1988 à une petite fille baptisée Rose en hommage à sa grand-mère paternelle. Vont suivre, en mai 1990, Tatiana, une autre fille et enfin un garçon, baptisé Jack. Trois enfants que Caroline élève avec tendresse et que Jackie adore, jouant même les baby-sitters pour ses petits-enfants.

Caroline et John n'ont jamais accordé d'interview sur leur mère. Des enfants silencieux mais enfants actifs, énergiques, sportifs, et finalement très bien armés pour la vie. Caroline et John, épaulés par Jackie, se sont forgés leur propre univers, éloignés des scandales, du pouvoir, des vanités dont ils ont, depuis leur petite enfance, pu mesurer les limites. Acharnée à les protéger contre la curiosité des autres, Jackie a toujours souhaité ne pas leur rogner les ailes. L'enjeu difficile pour cette mère affectueuse était d'être présente sans leur voler la vedette dans les moments les plus importants de leur vie, où c'était sur elle que photographes et échotiers se précipitaient.

Moins idylliques qu'avec Caroline ont été les relations de Jackie avec John-John. Les proches de la famille confient que si Caroline dans son enfance et son adolescence a cultivé le souvenir de son père, ce n'est pas le cas de John-John. Tandis que sa sœur collectionne tous les souvenirs, même pendant le remariage de sa mère, JFK Jr. se documente sur son père plus qu'il ne défend son image. A un séminaire sur la guerre du Vietnam, il étudie son rôle dans le conflit avec autant de détachement que s'il s'agissait d'un autre président.

Tout au long de ses études (d'abord à la Phillips Academy dans le Massachusetts, puis Brown University dont il sort diplômé d'histoire en 1983 avant d'entreprendre une spécialisation en droit), la politique et la vie sociale de son pays l'intéressent en bon Kennedy (« Bon sang ne saurait rentrer »). Après un voyage en Afrique du Sud, il dit à un de ses cousins : « Je n'ai pas l'intention de dire ou d'écrire quoi que ce soit avant de savoir dans quelle direction je veux orienter ma vie. Mais je pense que, dans tous les cas, je vais probablement travailler avec les Noirs. » Bobby Jr., son cousin, réplique alors avec ironie : « Mon père se souciait des Noirs plus que le tien. » Sa tante, Jean Kennedy, souligne la précocité de son intérêt pour des actions en faveur des handicapés et des minorités. Mais si Jackie s'est attachée à ce que son fils vénère le nom des Kennedy, en essayant de rester fidèle à sa mémoire, elle le pousse aussi à devenir indépendant, à ne rien devoir au clan.

Grâce aux rentes et aux héritages de John et de Ari, JFK Jr. est devenu millionnaire bien avant d'avoir atteint sa majorité. Même s'il apprécie de mener l'apparent désordre d'une vie de bohème, il habite un appartement rempli de livres dans le Upper West Side de Manhattan, se déplace en bicyclette ou en taxi, aime aller manger un hamburger chez *Jackson Hole* sur la 85e Avenue et dépenser son salaire estival gagné chez *Manott, Phelps, Rothenburg et Phillips*, un célèbre cabinet de conseillers juridiques. A 27 ans, le fils du 35e Président des Etats-Unis fait ses premiers pas sur la scène politique lors de la Convention démocrate d'Atlanta en 1988. Il continue ses études de droit à New York, collectionne les conquêtes féminines (de Sally Nunro à Christina Haaj) sans laisser indifférente Stéphanie de Monaco.

Jackie s'est longtemps battue pour préserver son fils John Jr., plus vulnérable que Caroline, des fantômes du passé. Elle a redouté la mauvaise influence de ses cousins, l'a empêché de se lancer dans une carrière cinématographique pour le diriger vers le droit, que l'héritier des Kennedy a exercé assez mollement. L'ultime satisfaction de Jackie aura peut-être été d'entendre son fils déclarer officiellement qu'il n'avait pas l'intention de se présenter au Congrès.

Certes, John a eu une scolarité médiocre avant d'essuyer deux échecs au barreau de New York et de devenir finalement avocat. « Il est clair que je ne suis pas un génie du droit », confesse-t-il alors. La vérité, c'est que, à l'époque, l'héritier fréquente davantage les clubs sportifs que les amphithéâtres. « Il n'avait pas la carrure d'un grand avocat d'assises », déclare un juge devant lequel il a eu à plaider.

Réputé doux, effacé, serviable, le fils de l'ancien président n'a pas la personnalité typique d'un Kennedy. Mais il en a le charisme et le physique séduisant. La presse populaire nationale à son tour s'intéresse à lui lorsqu'il a été vu à plusieurs reprises en compagnie de l'actrice Daryl Hannah. Mais le sensationnel mariage espéré par les paparazzi n'aura pas lieu. Il est vrai que John Kennedy Jr. reste aussi discret que possible. Présentateur d'une émission de télévision câblée sur *Les héros de New York*, qui met en scène les actions extraordinaires de citoyens très ordinaires, il refuse toute interview et promet de s'en aller s'il finit par voler malgré lui le rôle vedette à ses invités.

Une seule certitude dans sa vie : il plaît aux femmes et son tableau de chasse est impressionnant. Mais là aussi, Jackie veille. Car elle n'a pas toujours approuvé les choix amoureux de son fils. En particulier sa liaison avec Daryl Hannah, l'héroïne de *Splash*. Alors, lorsqu'en 1993 John se fait plaquer par l'actrice et rencontre Carolyn Bessette, Jackie retrouve le sourire. D'autant que, en quelques mois, cette attachée de presse a su la séduire. Pourtant, atteinte d'un cancer, Jackie sait qu'elle n'assistera sans doute pas au mariage de son unique fils. Aussi, peu de temps avant de disparaître, en 1994, fait-elle promettre à John-John d'épouser Carolyn.

A l'époque, Kennedy Jr. ne songe pas vraiment au mariage. Le célibataire le plus convoité des Etats-Unis compte bien profiter de son statut. Mais plus sa relation avec Carolyn s'intensifie, plus il pense à la volonté de sa mère. L'amour de Carolyn aidant, il cède et accepte enfin de se faire passer la bague au doigt. Se disant certainement qu'à 35 ans, il était temps de rentrer dans le rang. Sa conversion en patron de presse du magazine *George* a fini par lui donner stabilité, maturité et crédibilité.

A l'évidence, Jackie, avec Caroline et John Jr., a eu des rapports privilégiés et très tendres. « Elle a vraiment été une mère exemplaire, très complice », souligne Ronald Richardson. « Ce qui me préoccupe le plus au monde, a confié Jackie, est le bonheur de mes enfants. Si l'on échoue avec ses enfants, alors je ne vois rien d'autre qui dans la vie puisse avoir une grande importance, en tout cas pas pour moi. Le reste n'est qu'accessoire... »

En choisissant de vivre une existence presque normale, en élevant ses deux enfants, en cessant de graviter dans le cercle Kennedy, en tentant de se fondre dans l'anonymat de New York et en se mettant au travail, Jackie semble, à la fin de sa vie, avoir trouvé une certaine paix intérieure. A cet égard, Ronald Richardson, proche de ses enfants, fait le commentaire suivant : « Elle était tout à fait satisfaite et elle menait exactement le type de vie qu'elle avait toujours souhaité mener. » Et ce témoin de remarquer : « Elle avait enfin trouvé une certaine sérénité. »

XIV

HÉRITAGE

LORSQUE, le 19 mai 1994, la dépêche de la mort de Jacqueline Bouvier-Kennedy Onassis tomba sur les téléscripteurs des agences de presse, la nouvelle laissa un instant les Américains sans voix. Depuis cinq mois, chacun savait le combat que menait cette femme face à son cancer... Chacun en pressentait l'issue, si tragiquement certaine. Pourtant... Dans un étrange refus, c'était comme si personne ne voulait vraiment y croire. Quelque chose s'était brisé. Irrémédiablement. Une étoile s'était éteinte au firmament des States.

Quatre jours après la mort de l'ex-présidente, l'émotion qui secoua tout le pays n'était toujours pas retombée. Le mythe Kennedy, toujours aussi vivace, conduisit tous les grands « networks » à bouleverser leurs programmes. Outre d'incessants directs, les télévisions diffusèrent sans relâche portraits et séries de fiction sur la vie de Jackie. Dans la presse, de volumineux suppléments spéciaux, accompagnés parfois de posters, furent omniprésents.

Durant tout le week-end, des milliers d'anonymes défilèrent devant son appartement de la 5e Avenue. Pour rendre un dernier hommage à celle qui les a tant fait rêver, certains n'avaient pas hésité à traverser tout le pays. En guise d'adieu, un violoniste vint jouer sous ses fenêtres. Des petits groupes chantèrent « Jackie, we love you », alors que des familles avec enfants se recueillaient, la larme à l'œil.

La publication de son testament le 3 juin 1994 fut une sorte de revanche sur ses détracteurs. Sur les trente-six pages du document, figurent tous ceux qu'elle aimait ou qui l'ont servie. Aux autres, elle offre le spectacle d'une femme fidèle à ses choix : sa famille, sa famille et encore sa famille. Dernière touche d'élégance : elle a réussi à concilier le bien-être de ses petits-enfants et son attachement aux arts et aux causes humanitaires.

C'est à sa fille Caroline et à son fils John Jr. que Jackie Kennedy Onassis a légué l'essentiel de son patrimoine. D'entrée, les deux enfants reçoivent chacun 250 000 dollars en liquide (1,5 million de francs). L'ancienne First Lady américaine – dont la fortune est estimée à près de 100 millions de dollars (570 millions de francs) – demande également à ses enfants de fonder et de gérer une organisation caritative appelée C. & J. Foundation (les initiales de ses deux enfants). (Cette organisation étant financée par les revenus d'une partie de la fortune de Jackie pendant vingt-quatre ans, à la suite de quoi l'argent restant sera distribué à ses petits-enfants.)

« Toute ma propriété personnelle, y compris mes collections de lettres, de documents, mes effets personnels, mes tapis, mes tableaux, mon argenterie, ma vaisselle, mes objets d'art, mes automobiles, doivent aller à mes enfants », peut-on lire dans le testament (dont l'exécuteur est Maurice Tempelsman, le dernier compagnon de Jackie).

John Jr. et Caroline se partageront donc entre autres le luxueux appartement de quinze pièces sur la 5e Avenue à New York, trois superbes résidences secondaires dans le Massachusetts, le fonds établi par leur père il y a des années (dont le montant n'a pas été rendu public), et enfin les documents personnels du président assassiné.

Jackie ne laisse par contre rien à sa sœur, la princesse Lee Radziwill. « J'ai une grande affection pour elle, écrit Jackie dans le testament, mais je lui ai déjà tellement donné dans ma vie. » Une petite phrase qui fit couler beaucoup d'encre. En revanche, elle laisse plusieurs centaines de milliers de dollars en espèces aux enfants de sa sœur, Anna et Anthony. La First Lady n'a pas oublié ses amis les plus fidèles. Elle laisse ainsi 250 000 dollars à Nancy Tuckerman, sa confidente et porte-parole qui, jusqu'à la fin, avait jalousement protégé sa vie privée. Elle lègue aussi sa ferme de Rhode Island à son demi-frère Hugh Auchincloss.

Le fisc devant récupérer 50 à 60 % des liquidités, Caroline et John Jr. firent vendre aux enchères par Sotheby's quelques-uns des effets personnels de leur mère. La mise à l'encan de ses effets personnels provoqua un engouement que la maison Sotheby's de New York jugea sans précédent.

« Je paierais n'importe quel prix pour posséder quelque chose qui lui a appartenu. » Cette fascination maintes fois avouée aux dirigeants de Sotheby's en dit plus long sur la magie du nom Kennedy que sur les goûts artistiques de l'ancienne Première Dame américaine. A l'issue de la vente et de son bilan financier impressionnant (175 millions de francs), la révélation fut que le mythe Jackie n'avait jamais été aussi fort.

Ainsi, en cette fin d'avril 1996, on vit surgir, sur les trottoirs de New York, des vendeurs de journaux qui proposaient des exemplaires des magazines *Life* et *Look* datant de l'époque des Kennedy à la Maison-Blanche. Une semaine avant la vente, les objets, tableaux, bijoux furent exposés, mais seuls les possesseurs du catalogue (300 F pièce, tiré à 100 000 exemplaires) y eurent accès. Quant aux enchères, il fallait participer à une terrible sélection par tirage au sort. L'admission à la salle des ventes se fit en deux tranches horaires, sans oublier 80 000 ordres d'achat...

La nostalgie des années Kennedy fonctionnait toujours. La personnalité de Jackie, son élégance, sa beauté, sa discrétion et sa dignité dans la maladie continuaient à impressionner et à émouvoir le public. A l'évidence, le mythe « Jackie » était bien vivant. Tant il est vrai que peu importent les failles d'une vie quand un être appartient à la nostalgie de tous ceux qui restent. Son dernier combat contre le cancer, comme la brutalité de sa disparition, auront renforcé un peu plus le mythe d'une femme d'exception poursuivie par un destin tragique.

ANNEXE

ARBRE GÉNÉALOGIQUE
DE
LA FAMILLE BOUVIER

LES BOUVIER

Eustache Bouvier
(1758-1835)
m. (1) – Thérèse Mercier
m. (2) – Louise Perboz

- Anne Bouvier †
- Michel Bouvier
  (1792-1874)
  m. (1) – Sarah Anne Pearson
  m. (2) – Louise C. Vernou
- Elizabeth Bouvier
  (1793-1872
  m. (1) – Noël Baudichon
  m. (2) – Etienne Bouchard
- Eustache Bouvier †
- Anne-Julie Bouvier †
- Eustache Bouvier †
- Jean-François Bouvier
  (1797-1869)
  m. (1) – Marie Poissonié
  m. (2) – Marguerite Lussiat
- Catherine Bouvier †
- Eustache Bouvier
  (1799-1817)

- Rose-Pélagie Bouvier
  (1830-1922)
  m. Pierre Barry
- Elisabeth-Rose Bouvier †
- Louise Bouvier
  (1833-1898)
- Anasthasie Bouvier
  (1834- ?)

1re GÉNÉRATION

- Eustache Bouvier
  (1824-1886)
- Thérèse Bouvier
  (1826-1918)
  m. Jonathan Patterson Jr.
- Elisabeth Bouvier
  (1829-1886)
  m. Joseph E. Dixon
- Louise Bouvier R.S.C.J.
  (1831-1902)
- Emma Bouvier
  (1833-1883)
  m. Francis A. Drexel
  - Louise Bouvier Drexel
    (1863-1945)
    m. Edward de V. Morrell
- Zénaïde Bouvier
  (1835-1914)
- Alexine Bouvier
  (1837-1914)
- Mary Howell Bouvier
  (1841-1931)
- John Vernou Bouvier
  (1843-1926)
  m. Caroline Maslin Ewing
  - John Vernou Bouvier Jr.
    (1865-1948)
    m. Maude Frances Sergeant
  - Caroline Maslin Bouvier
    (1867-1869)
- Joséphine Bouvier
  (1845-1847)
- Michel Charles Bouvier
  (1847-1935)
- Joseph Alexander Bouvier
  (1852-1856)

2e GÉNÉRATION | **3e GÉNÉRATION**

- John Vernou Bouvier Jr. (1865-1948) m. Maude Frances Sargeant
  - John Vernou Bouvier III (1891-1957) m. Janet Norton Lee
  - William Sergeant Bouvier (1893-1929) m. Emma Louise Stone
  - Edith Ewing Bouvier (b. 1895) m. Phelan Beale
  - Maude Reppelin Bouvier (b. 1905) m. John E. Davis
  - Michelle Caroline Bouvier (b. 1905) m. (1) – Henry C. Scott m. (2) – Harrington Putnam

3e GÉNÉRATION **4e GÉNÉRATION**

- Jacqueline Lee Bouvier (1929-1994)
  m. (1) – John F. Kennedy
  m. (2) – Aristote S. Onassis
  - (with John F. Kennedy):
    - Caroline Kennedy (b. 1957)
    - John F. Kennedy Jr. (b. 1960)
    - Patrick Bouvier Kennedy †
- Caroline Lee Bouvier (b. 1933)
  m. (1) – Michael Canfield
  m. (2) – Stanislas Radziwill
  - (with Stanislas Radziwill):
    - Anthony Radziwill (b. 1959)
    - Anna-Christina Radziwill (b. 1960)
- Michel Bouvier III (b. 1920)
  m. (1) – Agnès Mitchell
  m. (2) – Catherine Fothergill
  - (with Catherine Fothergill):
    - Michel Bouvier IV (b. 1948)
    - John Vernou Bouvier IV (b. 1955)
- Edith Bouvier Beale (b. 1917)
- Phelan Beale Jr. (b. 1920)
  m. Rosella Ramsey
  - Michel Beale (b. 1947)
- Bouvier Beale (b. 1922)
  m. Katharine R. Jones
  - Bouvier Beale Jr. (b. 1948)
  - Nicolas Ridgely Beale (b. 1950)
  - Christopher P. Beale (b. 1952)
- John H. Davis (b. 1929)
  m. Nancy B. Whicker
- Maude Sergeant Davis (b. 1934)
- Henry C. Scott Jr. (b. 1927)
  m. (1) – Elizabeth Winslow
  m. (2) – Elizabeth Pendergrass
  - (with Elizabeth Winslow):
    - Diane Michelle Scott (b. 1957)
    - Winslow Ensign Scott (b. 1959)
    - Elizabeth Bouvier Scott (b. 1962)
  - (with Elizabeth Pendergrass):
    - Melinda Marshall Scott (b. 1968)
- Michelle Bouvier Scott (b. 1929)
  m. William M. Crouse Jr.
  - William M. Crouse III (b. 1953)
  - John Bouvier Crouse (b. 1955)
  - David Scott Crouse (b. 1956)
  - Michael Swift Crouse (b. 1957)

5e GÉNÉRATION — **6e GÉNÉRATION**

BIBLIOGRAPHIE

BIRMINGHAM (Stephen), *Jacqueline Bouvier Kennedy Onassis*, Gosset and Dunlap, 1978.
BUCK (Pearl), *Les femmes Kennedy*, Stock, 1970.
CARPOZZI (George), *The Hidden Side of Jacqueline Kennedy*, Pyramid Books, 1967.
CHESTER L., FRASER N., JACOBSON P., OTTAWAY M., *Onassis le Grand*, Robert Laffont, 1978.
COLLIER P., HOROWITZ D., *Les Kennedy*, Payot, 1985.
CURTIS (Charlotte), *First Lady*, Pyramid Books, 1962.
DAVIS (John H.), *The Bouviers*, Farrar, Straus and Giroux, 1969.
EVANS (Peter), *Ari*, Presses de la Renaissance, 1987.
FRISCHAVER (Willi), *Onassis*, Meredith Press, 1968.
GARDNEY (Red), *Kennedy*, Michel Lafon, 1984.
HELLER (David), *Jacqueline Kennedy*, Monarch Books, 1961.
HEYMANN (David), *Jackie, un mythe américain*, Robert Laffont, 1989.
KELLEY (Kitty), *Oh ! Jackie*, Buchet-Chastel, 1979.
LACOUR-GAYET (Robert), *De Kennedy à Reagan*, Fayard, 1982.
SALINGER (Pierre), *Avec Kennedy*, Buchet-Chastel, 1967.
SALINGER (Pierre), *En famille*, Article *Historia*, mai 1967.
SHAW (Maud), *White House Nannie*, New American Library, 1965.
SORENSEN (Theodor), *Kennedy*, Harper and Row, 1967.

REMERCIEMENTS

Je dois avant tout remercier mon ami Ronald Richardson de son aide. Il fréquenta Jacqueline Bouvier dès la fin des années quarante et fut le professeur de français de ses enfants. Ses conseils et ses souvenirs ont été précieux.

A la Maison-Blanche, je suis redevable à Marlin Fitzwater, l'ancien chef du service de presse et à John Sununu, ancien chef du protocole. Tous les renseignements sur la Maison-Blanche ont été inestimables.

Je dois témoigner ma reconnaissance à Lester David pour toutes ses informations si précises sur la dernière partie de la vie de Mme Onassis. Joyce Wadler et Victoria Balfour, de *People*, m'ont beaucoup aidé pour tout ce qui concerne John Jr.

Je remercie le mémorialiste Red Gadney, Theodor Sorensen, le plus proche collaborateur du président Kennedy et l'écrivain Stephen Birmingham.

A Paris, je suis redevable à la bibliothèque américaine et à la Maison Givenchy.

A Athènes, je remercie Helen Vlachos, Spiros Katris, Costas Konialy, ancien attaché culturel de l'Ambassade de France et le service de presse de la Fondation Onassis.

A New York, je remercie Melanie Baughman, George Carr, Peter Martin et Margaret Parton.

Je dois aussi remercier Pierre Salinger, John Kenneth Galbraith, Gore Vidal, Charles « Chuck » Spalding, Hugh D. « Yusha » Auchincloss, Nancy Dickerson Whitehead, Charles Bartlett, Letitia « Tish » Baldrige, Theodor « Ted » Sorensen, George Plimpton, Paul « Red » Fay, Jamie Auchincloss, le sénateur George Smathers, Oleg Cassini, Arthur Schlesinger Jr., Rosswell Gilpatric, John Husted, Priscilla McMillan, Evelyn Lincoln, Patricia Lawford, le regretté Theodor H. White, le regretté Truman Capote, Tobias Markowitz, Tom Freeman, Diana Brooks, Michael Shulman, Frank Rigg, David McGough, Larry Newman, Sandy Richardson et la bibliothèque John F. Kennedy.

TABLE

CHEZ LE MÊME ÉDITEUR
Grands romans Pygmalion

LES DAMES DU LAC*

LES BRUMES D'AVALON
(LES DAMES DU LAC**)
par Marion Zimmer Bradley
Prix du grand roman d'évasion 1986.
« La plus merveilleuse évocation de la Saga du Roi Arthur qu'il m'ait été donné de lire.
Absolument extraordinaire. » Isaac Asimov.

●

LA COLLINE DU DERNIER ADIEU
par Marion Zimmer Bradley
Longtemps avant les Dames du Lac, près de l'Ile d'Avalon,
quand Merlin, déjà, agissait dans l'ombre.

●

LA TRAHISON DES DIEUX
par Marion Zimmer Bradley
Le récit légendaire de la Guerre de Troie
superbement ressuscité par l'auteur des « Dames du Lac ».

●

LE RIVAGE DES ADIEUX
par Catherine Hermary-Vieille
La plus grande histoire d'amour de tous les temps, celle de Tristan et Iseult.

●

LA REINE REBELLE *
LE COLLIER DE LUNE **
par Kathleen Herbert
L'amour plus fort que la mort au temps du Roi Arthur et des Dames du Lac.

●

LES AILES DU MATIN *
LES NOCES DE LYON**
LES CHEMINS D'ESPÉRANCE***
LES FEUX DU CRÉPUSCULE****
LE VENT SE LÈVE*****
LES AMOURS MASQUÉES******
par Mireille Lesage
Au XVIIe siècle, une grande fresque romanesque aux couleurs d'un prestigieux passé.

●

LA SALAMANDRE D'OR
par Mireille Lesage
Assassinée par son mari ou morte d'avoir trop aimé le roi François Ier,
la comtesse de Châteaubriand a emporté dans la tombe le secret de son destin.
Une superbe histoire d'amour, chargée de mystère.

●

LES AMANTS DE GRENADE
par Laurence Vidal
Ressuscités avec émotion, le royaume de Grenade peu avant sa disparition
et l'inoubliable amour qui unit Isabel de Solis et le sultan Abu al Hassan.

●

LE PÈLERIN DES DEUX MONDES
par Michel Clermont
Pour relever un défi d'amour et retrouver le dernier sage d'Alexandrie,
un homme quitte sa terre d'Auvergne et s'embarque pour l'Égypte avec les Croisés de Saint Louis.

●

LES LANCES DE JÉRUSALEM
par Georges Bordonove
L'amour fou d'une jeune fille qui changea en lumière
le désespoir d'un roi lépreux de seize ans, vainqueur de Saladin.

●

LES ARMES A LA MAIN
par Georges Bordonove
Un grand roman d'amour étroitement lié à l'épopée tragique
de la Guerre de Vendée en 1793.

Achevé d'imprimer en avril 1999
sur presse Cameron
par ***Bussière Camedan Imprimeries***
à Saint-Amand-Montrond (Cher)

N° d'édition : 596. N° d'impression : 992012/4.
Dépôt légal : mai 1999.
Imprimé en France